安部徹也=著

すばる舎リンケージ

はじめに

マーケティングは難しい？

誰でも"自然に売れる仕組み"はつくれる！

今やビジネスにおいて、マーケティングは欠かすことのできないものになりました。巷に溢れる製品やサービス、情報の洪水の中で、自社や自社製品を顧客に見つけてもらい、そのうえ選んでもらうには、マーケティング戦略なしでは不可能だと言っても過言ではないからです。

ただ、マーケティングと一口に言っても多岐にわたり、どんなことからスタートすればいいのかわからないというのも事実でしょう。本書は、そんなマーケティング初心者のために、実行プロセスを6つに分けて、それぞれのエッセンスをお伝えしていきます。

マーケティング戦略がうまくいけば、企業側から売り込まなくても、自然にものが売れるようになります。かのドラッカー教授も、「マーケティングの究極の目的は、販売を不要にすることだ」と述べています。販売活動は、売る側にとってもストレスになりますし、買う側にとっても、売り込まれるのは気分のいいものではありません。そこで、マーケティング戦略をマスターして、顧客が望むものをタイムリーに提供できるようになれば、売り込みをしなくても「ぜひとも売ってください」とお願いされるようになり、勝手に売上が上がる、理想的な状況を実現できるようになるのです。

マーケティングとは、一握りの天才のみが成功するものではありません。**その気になれば、誰だってヒット商品を生み出せるようになる**のです。本書は、マーケティングを成功に導く基礎体力が身につくよう、構成しています。さあ、準備はできたでしょうか？　それでは、マーケティングをステップバイステップでマスターしていきましょう！

2015年1月

安部 徹也

contents

ぐるっと! マーケティング

はじめに――003
マーケティングは難しい？

序章
「売ってください」と言わせるマーケティング戦略のつくり方

I **マーケティングって何？**――012
自然と売れる仕組みのこと

II **なぜ重要なのか**――014
会社を成長させる力になる

III **マーケティングのプロセス①**――016
R-STP

IV **マーケティングのプロセス②**――018
4P

(column0) **ハウステンボスの事業再生**――020
経営難からの逆転劇

第1章
敵を知り、己を知ればコワいものなし！「R-STP」

01 **自社を取り巻く環境を知る**――022
マクロ・ミクロ環境の分析法

- 02 **お客様はどこにいる？**──024
  マーケティングで一番大切なこと
- 03 **市場を細分化しよう**──026
  4つの条件で分類する
- 04 **欲しい顧客を狙い撃ち！**──028
  セグメンテーションの考え方
- 05 **一番輝ける市場はどこだ!?**──030
  市場を絞るターゲティング
- 06 **究極のターゲティング**──032
  1人に絞って考える方法
- 07 **敵を知る調査分析**──034
  ライバル企業は一体どこに？
- 08 **成功できる場所を見つける**──036
  ポジショニングマップでわかること
- 09 **自社が進むべき方向性とは**──038
  マーケティングコンセプトの決定
- (column1) **キリンビバレッジの新市場開拓**──040
  コーラの市場でヒット商品が出せた理由

第2章
本当に売れる商品とは？「プロダクト戦略」

- 10 **プロダクト戦略**──042
  お願いしなくても、勝手に売れる！
- 11 **どんな製品にするのか**──044
  プロダクト戦略は3層モデルで考える
- 12 **独自の売りを決める**──046
  購入の動機づけ

13 ネーミング──048
一発で覚えてもらえる名前をつける

14 パッケージ──050
売上を左右する重要な要素

15 「商品プラス」で何ができるか──052
トータルソリューションが求められている

16 プロダクトミックス──054
より売り伸ばしていくための横展開

17 プロダクトポートフォリオ──056
製品展開に偏りがないかチェック！

18 プロダクトライフサイクル──058
商品寿命の流れを知る

19 売上アップのテクニック──060
クロスセリングとアップセリング

20 ブランドを築く──062
顧客から寄せられる信頼の証

21 ブランドを利用する──064
ブランドエクステンション

 高級魚になった関アジ・関サバ──066
二束三文だった魚をどう変身させたのか

第3章
安ければいい？ 高くても大丈夫？「プライス戦略」

22 プライス戦略──068
売上だけでなく、企業イメージまで左右する

23 コスト志向型価格設定──070
必要経費＋利益で考える

24 **需要志向型価格設定**──072
お客様はいくらで買いたいのか？

25 **PSM分析**──074
顧客の値ごろ感を見極める

26 **競争志向型価格設定**──076
諸刃の刃の値段づけ

27 **新製品の戦略的価格設定①**──078
ペネトレーションプライシング

28 **新製品の戦略的価格設定②**──080
スキミングプライシング

29 **スライスシェア**──082
高額商品を売る方法

30 **タイムシェア**──084
顧客のニーズは所有？　使用？

31 **無料で利益を上げる戦略**──086
フリーミアム戦略と広告モデル

32 **ロスリーダー価格政策**──088
赤字の目玉商品で顧客を呼び込む

33 **価格の弾力性**──090
生活必需品、ぜいたく品の違い

(column3) **青山フラワーマーケットの価格の秘密**──092
なぜ市価の半額で販売できるのか？

第4章
一番効率のいい場所はどこだ!?「プレイス戦略」

34 **プレイス戦略**──094
最終消費者に届く流通チャネルとは？

35 流通チャネルの長短——096
製品の特徴と効率を考慮する

36 自社で流通網を築く——098
顧客が集まるvs顧客を集める

37 他社に流通網を任せる——100
小売店に任せるメリット・デメリット

38 プレイス戦略を武器に戦う——102
ライバルとの競争に勝つ！

39 土地のブランド力を借りる——104
採算度外視で一等地に出店？

40 コラボ・プレイス戦略——106
新たな顧客層を獲得する

41 フランチャイズ展開——108
リスクを回避しつつ、流通網を拡大する

42 レイアウトにこだわる——110
一番目につくのはどこか？

43 チャネルミックスを検討する——112
「欲しい」時を逃さないために

(column4) **プレイス戦略で勝負する日高屋**——114
マクドナルド、吉野家の隣にあえて出店!?

黙っていたら商品は売れません！「プロモーション戦略」

44 プロモーション戦略——116
どのように知ってもらうのか

45 広告宣伝——118
費用対効果の見極めが必要

46 **販売促進**──120
　買う・売る力を後押しする

47 **人的販売**──122
　人の力で売っていく

48 **パブリシティ**──124
　マスコミに取り上げてもらう

49 **口コミ**──126
　消費者の購買決定に影響力大

50 **プロモーションミックス戦略**──128
　予算を決めて、何と何を組み合わせるか

51 **メディアミックス**──130
　効果的なメディアの組み合わせとは？

52 **ストーリーを考える**──132
　ＡＩＤＡに則れば、顧客のハートを鷲づかみ

53 **ＡＩＳＡＳスパイラル**──134
　インターネット時代のプロモーション

column5 **ハーゲンダッツのイメージ戦略**──136
　脱・子どものおやつで高級品に

第6章
これからは「顧客維持型マーケティング」でないと生き残れない！

54 **顧客維持型を目指す理由**──138
　成熟市場では、顧客との関係性が鍵

55 **ウォレットシェアを高める**──140
　より自社製品にお金を使ってもらうには？

| 56 | 自社の顧客の生涯価値——142
顧客がどれだけの利益をもたらすのか
| 57 | ファン客をいかに増やすか——144
顧客は進化するもの
| 58 | 潜在顧客から見込み客へ——146
適切なプロモーション戦略の選び方
| 59 | 見込み客からお試し客へ——148
心理的なハードルを乗り越えさせる
| 60 | お試し客からリピート客へ——150
「もう一度買おうかな」の仕掛け
| 61 | リピート客からファン客へ——152
会社を支える強い味方
| 62 | RFM分析の活用——154
顧客の取引実績に見合った対応をする
| 63 | クレームマネジメント——156
クレームで売上が上がる!?

(column6) オイシックスが成功できたワケ——158
倒産の危機から安定した顧客基盤を築くまで

装丁・本文レイアウト：遠藤 陽一（DESIGN WORKSHOP JIN）
本文図版：李 佳珍

※本書に掲載されている企業名などの各種情報は、2015年1月時点のものです
※本書に登場する商品名、企業名、ブランド名、サービス名などは、一般に商標として登録されています。
　ただし、本書では煩雑になるのを避けるため、®表記などは省略しております

序章

「売ってください」と言わせるマーケティング戦略のつくり方

I

マーケティングって何?
自然と売れる仕組みのこと

重要だとわかっちゃいるけど……

ビジネスに携わっていれば、マーケティングという言葉を知らない人はいないでしょう。それほど、マーケティングはどのような企業にとっても、売上を上げるために重要な戦略であり、今や一般的なものになっているのです。

市場調査、派手なプロモーションはほんの一部

ところがマーケティングに関する捉え方は人それぞれです。「あぁ、マーケティングって市場調査のことでしょう」とか「マーケティングって芸能人を起用して自社製品をプロモーションすることでしょう」など各自が強く印象に残っている活動がマーケティングそのもののイメージとなっているのです。
確かに市場調査もプロモーションもマーケティング戦略の一部ですが、決して全体を表しているものではありません。マーケティング戦略とは、市場調査やプロモーションなどを含めて多くのパーツを組み合わせて、**自然に売れる仕組みをつくること**なのです。

お客様から「売ってください」と言われる活動

マーケティングを販売活動だと思い違いする方もいらっしゃいますが、販売活動とは、企業側から「自社の製品を買ってください」とお願いする活動であり、自然に売れる仕組みとは真逆にあります。つまり、マーケティングとは、お客様のほうから「是非とも売ってください」とお願いされる活動と言えるでしょう。

マーケティングとは何なのか

市場調査	プレイス戦略
ターゲティング	プライス戦略
プロダクト戦略	プロモーション戦略

これらをかけ合わせて、
自然に売れる仕組みを考えることが、

マーケティング

「買ってください」から「売ってください」に変わる活動

なぜ重要なのか
会社を成長させる力になる

価値あるものを提供する活動

マーケティングがうまくいき、お客様から「売ってください」とお願いされるようになるということは、お客様にとって価値あるものを提供する活動とも言えます。

今や市場にものが溢れ、ライバルとの競争は激化し、なかなか製品が売れないばかりか、売るために営業担当者を雇ったり、宣伝したりとコストばかりがかかって、売れたとしても赤字になることがあります。

企業の成長の原動力になるもの

しかし、マーケティングがうまくいきさえすれば、ライバル企業の製品と差別化ができ、顧客に買い叩かれることもなくなります。そうすれば、適正な価格で販売できるようになるのです。また、販売のために人員を割く必要がなくなれば、営業担当者を多く抱える必要もなくなり、コスト削減につながるでしょう。

つまり、**マーケティングは売上アップとコスト削減に同時に効果を発揮する**ので、好業績を維持し、企業を成長させるうえで、重要な役割を果たす活動なのです。

マーケティングがうまくいくと……？

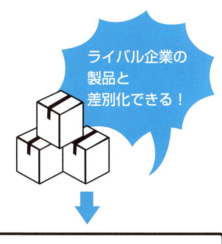

ライバル企業の製品と差別化できる！

・適正な価格で利益を確保
・販売のためのコスト削減

→ **売上アップとコスト削減を同時に実現できる！**

一石二鳥の嬉しい効果アリ！

序章 「売ってください」と言わせるマーケティング戦略のつくり方

マーケティングのプロセス①
R-STP

顧客が欲しいものを、欲しいタイミングで提供する

マーケティング戦略とは、簡単に言えば「誰に？」「何を？」「いくらで？」「どのようにして？」売るかを考えていくことです。顧客をよく知り、顧客の望むものを、望む価格で、望むタイミングで提供できれば、**企業側から売り込まなくても、目の前に商品を置くだけでどんどん売れる**はずです。このあるべき姿のストーリーを考えていくことが、マーケティング戦略なのです。

市場調査で「敵を知り、己を知る」

マーケティング戦略は、専門的な用語で言うと、**R→STP→4P**のプロセスで組み立てます。RとはResearch、すなわち市場調査のことです。まずはこれからビジネスを行おうとする市場や顧客、ライバル企業、自社などを詳細に調べることからスタートします。

STPで自社が戦うべきポジションを探る

STPのプロセスでは、S（Segmentation）と呼ばれるプロセスで、市場をいくつかの条件に基づいて細分化していきます。続いてT（Targeting）のプロセスで、細分化した市場の中から、自社が狙うべきセグメントを決定します。そして、P（Positioning）で自社がターゲット顧客に対して、どのような位置取りでビジネスを展開していくのか決定するのです。

このSTPのプロセスでは、顧客を特定し、求められる価値を把握することが重要になってきます。

マーケティング戦略の実行プロセス①

マーケティング戦略とは

- 「誰に／何を／いくらで／どのように」売るかを考えること
- 顧客のほうから「売ってください」と言われるようになる

マーケティングのプロセス

Research（リサーチ）＝ 市場調査
↓
Segmentation（セグメンテーション）
＝市場を一定の条件で細分化すること

Targeting（ターゲティング）
＝細分化したセグメントから、自社が狙うべき層を決定

Positioning（ポジショニング）
＝自社がどんな立ち位置で行くべきかを決定

↓ 4Pに続く……。
（→P18へ）

POINT

まずは敵を知り、自分を知る

マーケティングのプロセス②
4P

戦略の鍵を握る４つのＰ

顧客に求められる価値を特定したあとは、続いて価値を生み出し、伝達していく４Ｐのプロセスに移っていきます。４Ｐとは、４つのＰ(Product、Price、Promotion、Place)の頭文字を取ったもので、マーケティング戦略の根幹を成すフレームワークです。

顧客が購入に至るまでのストーリーを考えよう

製品の価値を左右するのは、４Ｐのうちのプロダクト戦略とプライス戦略になります。このプロセスで「何を？」「いくらで？」売るのかを決定していきます。

しかし、いくらいい製品をつくったとしても、自社製品の価値を適切に伝え、最終的に顧客に購入してもらわなければいけません。価値あるものであれば自然に売れると思っているかもしれませんが、世の中に無数の製品やサービスが存在する中、企業が何もせず、顧客が勝手に製品を見つけ出し、進んで購入することなど奇跡に近いと言っても過言ではないでしょう。そこで、顧客に適切に価値を伝えるプロモーション戦略が必要になってきますし、プロモーションによって購買意欲を高めた顧客に、自社製品を購入してもらうための店舗を構えたり、ネットショップを運営したりするプレイス戦略が重要になってくるのです。

マーケティング戦略では、このR→ＳＴＰ→４Ｐのプロセスを、**整合性を保ちながら、流れるようなストーリーを考えていくこと**が成功の鍵を握ります。

マーケティング戦略の実行プロセス②

R
↓
STP
↓
4P

Product（プロダクト）戦略
　＝何を売るのか

Price（プライス）戦略
　＝いくらで売るのか

Promotion（プロモーション）戦略
　＝どのように知ってもらうのか

Place（プレイス）戦略
　＝どこで売るのか

↓

マーケティング戦略完成！

4つのPで、何をどう売ればいいのかがわかる

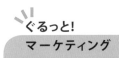

ハウステンボスの事業再生
経営難からの逆転劇

バブル崩壊で真っ逆さま

　バブル経済真っ只中に計画が立てられ、1992年に華々しくオープンしたハウステンボス。オランダの街並みから王宮まで、実在の建物を忠実に再現するなど2000億円を超える費用をかけて建設されましたが、バブル経済の崩壊とともにブームは過ぎ去り、1996年をピークに入場者数は減少の一途を辿っていきます。そして、2003年には経営がいよいよ立ちいかなくなり、会社更生法の適用を申請。事実上倒産し、新たな支援者の下で再起を期すことになります。ところが、この再生もうまくいかず、2010年には1代でゼロから大手企業グループを築き上げたH.I.S.の澤田秀雄社長（現会長）に命運を託すことになります。

マーケティング戦略で入場者数が20％アップ

　澤田氏が再生のために重点的に取り組んだのは、マーケティング戦略を駆使した入場者数アップとリピーターの育成でした。まずは入場者数を増やすために入場料の値下げを断行し、一部有料ゾーンの無料化を実施。その他、ミュージカルや体験型宝探しなどのイベントを開催し、パークの魅力アップを図っていきました。この様々な施策が当たり、初めのゴールデンウィークの入場者数は前年比20％アップを記録したのです。

季節ごとに、ターゲットに合わせたイベントを開催

　さらに集客とリピートを高めるため、季節に合わせたイベントを、明確なターゲット顧客に対して提供していきます。夏休みには子ども向けに人気のある『ONE PIECE』、そして秋にはシニア向けにガーデニングのイベントを開催。また、花の咲かない冬には、東洋一のイルミネーションを開始しました。ターゲット顧客を明確にした季節ごとのイベントが功を奏し、ハウステンボスを訪れる人が後を絶たず、わずか1年で黒字化を達成するなど、見事な再生を現実のものとすることができたのです。

第1章

敵を知り、己を知れば
コワいものなし！
「R-STP」

01

自社を取り巻く環境を知る
マクロ・ミクロ環境の分析法

マクロ環境を知るPEST分析

マーケティングを成功に導くためには、自社を取り巻く環境をよく知る必要があります。

まず、消費はマクロ環境に大きく左右されることを考えれば、「政治(Politics)」「経済(Economy)」「社会(Society)」「技術(Technology)」の分野を調査・分析していかなければなりません。これは、それぞれの頭文字を取って、「PEST分析」と呼ばれています。たとえば、政治面で言えば、住宅ローン減税が実施されれば、住宅業界の売上はアップし、終了すれば落ち込むといった影響が考えられます。また、経済面では景気がよければ高額品が売れますが、悪化すれば低価格商品の人気が高まるでしょう。社会面では、少子高齢化の進行で、高齢者向けのサービスの需要が高まる一方、子どもが顧客となる企業にとっては、売上減少に悩まされることも考えられます。最後の技術面では、技術革新によってスマートフォンのアプリのように急速に成長する業界もあれば、音楽CDのように、新たな技術に取って代わられる業界も出てくるのです。

ミクロ環境分析には、3C分析

マクロ環境の要因を詳細に把握したら、続いて「顧客(Customer)」「競合(Competitor)」「自社(Company)」というミクロ環境の分析を行います。これは「3C分析」と呼ばれています。市場の動向を調査して、顧客の求めるものを把握し、ライバル企業を上回る価値のある製品やサービスを、自社の強みをベースにして生み出すことによって、売上機会を高めることにつなげていくのです。詳しい解説は別の書籍に譲りますが、このような分析がある、ということを知っておいて損はないでしょう。

マクロ環境とミクロ環境の分析

PEST分析

P olitics（政治面）政府の方針、法律、税制、規制など
（ポリティクス）

E conomy（経済面）景況感、金利、所得など
（エコノミー）

S ociety（社会面）社会環境、ライフスタイルの変化
（ソサエティ）

T echnology（技術面）技術革新など
（テクノロジー）

マクロ環境を分析することで、今後の見通し、自社の置かれている環境が把握できる

3C分析

C ustomer（顧客）市場の動向、消費者のニーズ
（カスタマー）

C ompetitor（競合）ライバル企業の動向
（コンペティター）

C ompany（自社）自社の強みや独自資源など
（カンパニー）

ミクロ環境を分析し、どんな製品・サービスを生み出していけばいいかを探る

POINT

現状を把握することで、どう対処すべきかがわかる

第1章 敵を知り、己を知ればコワいものなし！「R-STP」

02

お客様はどこにいる?
マーケティングで一番大切なこと

「誰に売るのか」は忘れられがち

マーケティング戦略を立てる際、最も重要になるのは「誰に売るのか?」を決めることです。そんなことは当然だと思っている方もいらっしゃるかもしれませんが、自社製品を売ることだけに意識を集中すると、誰に売るのかを飛ばしてしまうこともあるのです。

どれだけ具体的にイメージできるかどうか

たとえば、あなたの会社の製品を購入してくれるお客様はどのような人でしょうか? この質問に「20代の男性で、独身。年収は400万円台で、東京23区内に住んでいる」などと具体的に答えられれば、あなたは顧客を特定していると言えるでしょう。答えられなければ、まずは自社の顧客像を具体的にイメージするところからスタートしなければなりません。
なぜなら、顧客を特定しない限りは、望まれる製品やサービスを提供することなどできるはずがないからです。

顧客をよく知るプロセスが、STP

マーケティングとは、**「顧客が望むものを・望む価格で・望むタイミングで」提供していく活動**です。そのためには顧客を特定し、その顧客をよく知ることは欠かせません。この顧客を特定していくプロセスが、「STP」と呼ばれるものになります。

あなたの会社のお客様はどんな人？

うちのお客様は、20代の男性、年収400万円台で、東京23区内に住んでいる人

とりあえず売れればいい

ダメな例

良い例

顧客が特定できなければ、顧客が望む製品・サービスなどわかりっこない

POINT

詳細までイメージすることが大事

第1章　敵を知り、己を知ればコワいものなし！「R-STP」

03

市場を細分化しよう
4つの条件で分類する

欲張るとチャンスを逃す

誰に売るのか？　を決めていく際に、市場をいくつかの条件で細かく分類していくことになります。

時々「私の会社の対象顧客は、個人全員です」とか「日本中の法人が対象です」と答える人もいます。確かに市場のすべてを対象にすれば、規模は最大で大きなチャンスがありそうな感じがしますが、現実はその逆です。**市場が大きければ大きいほど、売れるチャンスはなくなっていきます。**なぜなら、すべての人が望む製品をつくることは難しく、たとえできたとしても、それは「汎用品」と呼ばれ、顧客の心に刺さるものにはなり得ないからです。

適切な市場を知る4つの条件

この市場を細かくしていくプロセスは「セグメンテーション」と呼ばれ、次の4つの条件で顧客を分類していくことができます。

①地理的条件……顧客はどこにいるのか？（地域、人口、気候など）

②人口動態条件……顧客のデモグラフィックは？（年齢、性別、所得、職業、世帯構成など）

③心理的条件……顧客の嗜好は？（社会階層、ライフスタイル、パーソナリティなど）

④行動条件……顧客の行動特性は？（使用者タイプ、購買準備段階など）

これらの条件を1つだけでなく、たとえば「東京都中央区に住む30代の独身女性」など、複数の条件を組み合わせていくことにより、より細かな市場に細分化していくことが可能になります。

チャンスをつかむセグメンテーション

うちのお客様は、日本中の人！

＝

すべての人が満足する製品をつくることなど不可能！

4つの条件で顧客を分類する

① 地理的条件
地域、人口、気候など

② 人口動態条件
年齢、性別、所得、職業、世帯構成など

③ 心理的条件
社会階層、ライフスタイル、性格など

④ 行動条件
使用者のタイプ、購買準備段階など

細かく分類することで、顧客の属性が見えてくる

04

欲しい顧客を狙い撃ち！
セグメンテーションの考え方

どんなニーズで消費をするのか、で考える

セグメンテーションを行う際、年齢や性別などの条件ばかりに意識がいきがちですが、条件で市場をただ分類するだけでは、まったく意味がありません。重要なのは、大きな傾向を持った集団に分類していくことです。中でも、最も重要なのはニーズです。**同じニーズを持った人を特定していく**のです。たとえば、レストランに対するニーズは、「手軽に安価で済ませたい」「落ち着いて豪華な食事をしたい」と様々です。「落ち着いて豪華な食事をしたい」というニーズに着目すれば、そういったニーズを持つ顧客は「30代で年収1000万円、東京都心に住んでいる」といった1つのセグメントを特定することができるわけです。

行動パターン、価値観なども併せて考える

行動パターンで括るということも重要です。人の行動パターンはある程度決まっていて、常に違う行動を取る人など、ほとんどいないと言っても過言ではないでしょう。ですから、「日経新聞を読む人」「山手線で通勤する人」「Yahoo! Japanをトップページにする人」など行動パターンで括っていくのです。そうすれば、後のプロモーション戦略やプレイス戦略の効果が高まります（ターゲット顧客の行動パターンに応じて、日経新聞に広告を出す、Yahoo! ショッピングに出店するなど）。

他にも、考え方や価値観で括ることもできるでしょう。考え方や価値観は、消費を決定するにあたって重要な鍵を握ります。たとえば、移動手段であれば、快適性を重視してタクシーを利用する人もいれば、コスト面を重視して電車で移動する人もいます。このような消費の決定は、人それぞれの考え方や価値観に基づいていますので、同じようなタイプの人でまとめていくのです。

ニーズや行動パターンで絞り込む

ニーズで括る

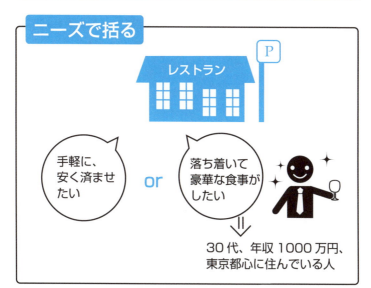

手軽に、安く済ませたい or 落ち着いて豪華な食事がしたい

⇩

30代、年収1000万円、東京都心に住んでいる人

行動パターンで括る

日経新聞を読む人　山手線で通勤する人　Yahoo! JAPANをよく見る人

顧客を絞り込むことが成功の第一条件

05

一番輝ける市場はどこだ!?
市場を絞るターゲティング

どの市場で戦うのかを決める

様々な条件で市場を細かくしたら、続いてそれぞれのセグメントの特徴を把握して、自社の力が最大限に発揮できるセグメントにターゲットを絞り込んでいきます。

ターゲットを決定する際には、特に１つのセグメントにこだわる必要はありません。自社の事業内容や規模に応じて、適切なターゲットを選択してください。マーケティングの第一人者フィリップ・コトラー教授は著書『コトラー＆ケラーのマーケティング・マネジメント』（ケビン・レーン・ケラーとの共著、恩藏直人監修、月谷真紀訳、丸善出版）の中で、次の５つのタイプのターゲティングを提唱しています。

①単一集中……１つの製品を１つの市場に投入
②製品集中……１つの製品を複数の市場に投入
③市場集中……１つの市場に複数の製品を投入
④選択的特化……複数の製品を複数の市場に投入
⑤フルカバレッジ……すべての製品をすべての市場に投入

自社が優位に立てるかどうか

たとえば、ベンチャー企業や中小企業など経営資源に乏しい場合は、自社の専門性を磨き、ライバル企業に負けない製品をつくり上げ、それを小さな１つの市場に集中的に投下する「①単一集中」のターゲティングが効果的でしょう。一方、トヨタやパナソニックなど経営資源に余裕がある大企業は、様々な製品を、細分化されたすべての市場に投入するフルカバレッジを採用することにより、売上の極大化が図れます。

ターゲティングを行ううえで重要なことは、**市場規模の大きさではなく、自社が選択した市場で競争を優位に展開できるかどうかにある**のです。

ターゲティングは5パターン

① 単一集中

1つの製品を1つの市場に

② 製品集中

1つの製品を複数の市場に

③ 市場集中

複数の製品を1つの市場に

④ 選択的特化

複数の製品を複数の市場に

⑤ フルカバレッジ

すべての製品をすべての市場に

一番有利な勝負ができるところを選ぶ

06

究極のターゲティング
1人に絞って考える方法

ペルソナマーケティングで明確化

様々な条件でセグメンテーションを行って、ターゲットを決めようとしても、それぞれのセグメントでは具体的なイメージが湧かないこともあるでしょう。そのような場合は、**顧客を1人に決める**という方法もあります。これは「ペルソナマーケティング」と呼ばれている方法です。たとえば、「30歳の独身男性でメーカーのＡ社に勤めていて仕事は財務。年収は600万円。職場は品川駅で蒲田の１ＬＤＫに住んでいる。通勤は京急線で片道30分ほど。行き帰りの電車では日経新聞を読んでいる。食事はほとんど外食ですき家や吉野家、松屋などで済ませている。平日は22時に帰宅して報道ステーションを見てからお風呂に入り、就寝する毎日。休日は趣味のカメラで写真を撮るために車で自然豊かな場所に出かけていく……etc.」などと、極めて限定的なターゲティングを行うのです。

具体的な戦略がはっきり見えてくる

どうでしょう？　たった1人に顧客を絞れば、ターゲット顧客へのアプローチが、より具体的にイメージできるようになるのではないでしょうか。

自動車メーカーであれば、アウトドア向けのＳＵＶなどを日経新聞を通して提案できそうです。また、維持費という面で考えると、カーシェアリング会社が、休日だけの利用でＯＫということを、蒲田の駐車場近くの看板で伝えることが効果的でしょう。

このように顧客を1人に絞り込めば、より具体的なマーケティング戦略のアイデアを引き出すことが可能になるのです。

たった1人のことを考えてみる

京急線の蒲田駅から
片道30分かけて通勤

電車の中では
日経新聞

30歳の独身男性
メーカーに勤務
財務の仕事

食事はほぼ外食。
牛丼チェーンが多い

帰宅は22時。
お風呂に入って就寝

POINT
具体的なニーズ・アプローチ方法が思い浮かぶ

第1章　敵を知り、己を知ればコワいものなし！「R-STP」

07

敵を知る調査分析
ライバル企業は一体どこに？

ライバルの上を行かねば、ビジネスの勝利はない

ビジネスとは簡単に言えば、顧客に対してライバル企業よりも価値のある製品やサービスを提供して、売上を上げていく活動です。この観点から、顧客をよく知ると同時に、ライバル企業についても入念な調査分析を欠かすことができません。

同じニーズを解消できるなら、異業種でもライバル

ライバル企業を分析する際には、同業は言うまでもありませんが、異業種でも同じニーズを解消する製品やサービスを提供する企業にも注意を払う必要があります。

たとえば、マクドナルドはハンバーガー業界のリーディングカンパニーです。ですから、ライバル企業を分析する際には、当然同じハンバーガー業界のモスバーガーやロッテリアを調査しなければいけません。

しかし、顧客視点で見てみると、マクドナルドを選ぶのは「手軽に食事をしたい」というニーズを持つ人も多くいるため、このニーズに着目すれば、牛丼やコンビニのお弁当なども競合と言えるでしょう。

つまり、マクドナルドは同業に加えて、吉野家やセブン-イレブンなど**顧客の同じニーズを解消する製品や、サービスを提供する企業についても調査分析していく必要がある**のです。

ライバル企業を分析する視点

マクドナルドの場合

同業
（ハンバーガー業界）　モスバーガー、ロッテリアなど

ニーズ
（手軽に食事をしたい）　牛丼チェーン、コンビニ業界

同業だけでなく、同じニーズを解消する製品を提供する企業も、ライバル会社である

POINT
ニーズに着目して、視野を広げる

08

成功できる場所を見つける
ポジショニングマップでわかること

無用な争いは避けるのが賢明

不要な競争を避けるためには、他社と違うことに取り組む必要があります。たとえ同じ業界に属していても、ビジネスの切り口が違えば、直接の競合は避けられるのです。このような他社と違う切り口のビジネスを見つけるには、「ポジショニングマップ」と呼ばれるツールを活用できます。

ポジショニングマップとは、縦軸と横軸に2つの要因を割り当て、どの企業がどんな特徴を備えたビジネスを展開しているのかが、一目でわかるものです。

たとえば、ファッション業界でポジショニングマップを描くと、横軸に「低価格・高価格」、そして縦軸に「ファッショナブル・ベーシック」という要因を割り当てることができるでしょう。このポジショニングマップ上では、ユニクロは低価格でベーシック、スウェーデンのファストファッション企業H&Mは低価格でファッショナブル、バーバリーは高価格でベーシック、シャネルは高価格でファッショナブルと位置づけることができるでしょう。このようなポジショニングマップを描けば、H&Mが銀座に初進出してきた際、ユニクロは大丈夫かと多くの人が心配したかもしれませんが、ビジネスの切り口が微妙にずれているので、心配するほど正面切っての争いは繰り広げられないことがわかります。

成功への近道が見えてくる

このように、どのような顧客にターゲットを定めるのかを決める際には、ポジショニングマップを描いて、できるなら**空白地を探し出し、他社が展開していない切り口でマーケティング戦略を立てていくこと**が、不毛な競争を避けて成功する近道となるのです。

ポジショニングマップの活用

■ファッション業界の ポジショニングマップ例

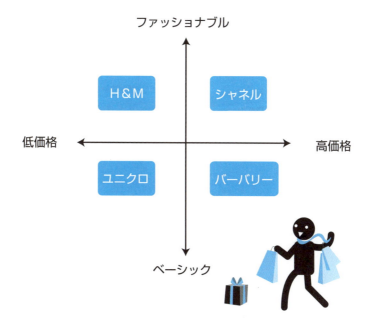

不毛な争いを避けられる！

自社の入り込めそうな隙間を見つける

09
自社が進むべき方向性とは
マーケティングコンセプトの決定

言わば戦略の方向性

ターゲット顧客にどのような切り口で製品やサービスを提供していくかが明らかになったら、続いてマーケティングコンセプトを決定していきます。
マーケティングコンセプトは、マーケティング戦略全体に影響を与えるものであり、慎重に決定していかなければいけません。このマーケティングコンセプトによって、続く４Ｐ戦略がまったく違ったものになってくるからです。

コンセプト次第で、ビジネスの仕方が変わる

たとえば、もしあなたがレストランを開業しようと計画している場合、マーケティングコンセプトいかんでは、まったく違うビジネスになります。「誰でも気軽に立ち寄れる食事を提供する」というコンセプトであれば、1000円前後のメニューが中心の、カジュアルな駅前に展開するレストランとなるかもしれません。
一方で「落ち着いた雰囲気で、こだわりの素材をふんだんに使った最高の逸品が楽しめる」というコンセプトであれば、銀座や西麻布などセレブが集う場所で、数万円のコースメニューを提供する本格的なレストランになるはずです。
このマーケティングコンセプトは、ポジショニングマップで自社の位置取りを明確にし、それを掘り下げていくといいでしょう。

コンセプトでここまで変わる！

★コンセプト

誰でも気軽に
立ち寄れる
レストラン

★コンセプト

落ち着いた雰囲気で、
こだわりの素材を
ふんだんに使った
最高の逸品が
楽しめるお店

・メニューは1000円前後
・カジュアルな雰囲気
・駅前に立地

・メニューは数万円のコース
・セレブな雰囲気
・銀座、西麻布に立地

POINT

最初の段階できっちりまとめておこう

ぐるっと！マーケティング column 1

キリンビバレッジの新市場開拓
コーラの市場でヒット商品が出せた理由

2強をものともしなかった新商品

　日本のコーラ市場では、これまで1位のコカ・コーラと2位のペプシコーラが激しい競争を繰り広げてきました。市場はほぼこの2社の商品で埋め尽くされていると言っても過言ではないでしょう。ところが、この2強が牛耳るコーラ市場に、大きな変動が起こったのです。その原因となったのが、キリンビバレッジが投入した新製品「キリン メッツ コーラ」。発売されるやいなや、わずか2日間で50万ケースを販売するという異例の記録を達成したのです。年間販売目標を100万ケースに設定していたキリンビバレッジは、あまりの反響に大幅な増産に踏み切ります。

健康的なコーラ!?　という意外性

　この爆発的なヒットの鍵となったのが"トクホ"。メッツコーラは、コーラ系飲料で初めて「特定保健用食品（トクホ）」として認められた商品なのです。しかも、通常トクホは割高というイメージがありますが、価格を480mlのペットボトルで150円と通常のコーラとほとんど変わらない水準に抑えたのが功を奏します。手軽に健康にもいいコーラが飲めると、物珍しさも手伝って、爆発的なヒットにつながったのです。

ライバル達の空白地を狙って大成功

　一般的に、自社よりもマーケットシェアが高い強力なライバルに対して、同じような商品を販売して正面から勝負を挑んでも、勝利を収めることは難しいです。そこで、キリンビバレッジはコカ・コーラやペプシコーラがまだ提供していないトクホに目をつけ、いち早く差別化された商品を投入したのです。その主な狙いは、上位2社が攻め切れていない、コーラを飲みたくても控えていた"メタボ"を気にする中高年の男性のニーズに応えるところにありました。この強力なライバルとは重ならないポジショニングが、メッツコーラの大きな成功につながっていったのです。

第2章

本当に売れる商品とは？
「プロダクト戦略」

10

プロダクト戦略
お願いしなくても、勝手に売れる！

顧客は何を望んでいるのか

プロダクト戦略を立てる際に重要なのは、顧客が望むベネフィットは何かをまず考えることです。ベネフィットとは、製品やサービスを通して得られるメリットや、実現される好ましい状況のことです。

たとえば、マーケティングの世界では「顧客が欲しいのはドリルではなく穴である」という言葉があります。ホームセンターなどでドリルを購入する顧客は、ドリルが欲しいわけではなく、そのドリルを使って簡単に穴をあけることができるというベネフィットを購入しているのです。このベネフィットとは顧客のニーズを満たすものですから、顧客のニーズを把握したうえで、提供できるベネフィットをしっかりと考えていくことが、顧客に求められる製品やサービスを生み出すポイントになります。

「売ってくれ」と言われるようになるには？

プロダクト戦略とは、顧客が何を望んでいるのかを把握し、適切なタイミングでソリューション（解決策）を提供していく活動です。たとえば、灼熱の太陽の下で喉がカラカラになっている人がいれば、その人はきっと喉を潤すもの（＝ベネフィット）を求めていることでしょう。だとすれば、キンキンに冷えた水を目の前に置くだけで、向こうから「売ってくれ」とお願いされるはずです。

自分の欠けている状況を満たすものを、タイミングよく解決できるソリューションを提案し、価格的条件さえ許容範囲であれば、**顧客は買わない理由がなくなる**のです。

プロダクト戦略では「顧客が真に望んでいるのは何か？」というニーズを正確に把握し、ベネフィットを生み出していくことが重要です。

プロダクト戦略のポイント

ベネフィットを考える

製品を通して
得られるベネフィット

<

真のニーズ

タイミングも重要

スムーズに買ってもらえる状況・瞬間を考える

第2章 本当に売れる商品とは？「プロダクト戦略」

POINT

顧客はいつ、どんなことを解消したいのかを見抜く

11

どんな製品にするのか
プロダクト戦略は3層モデルで考える

3つの面から製品の仕様を考える

プロダクト戦略を検討する際には、フィリップ・コトラー教授の考案した「3層モデル」を活用することができます。3層モデルとは、製品やサービスの価値を決定づける要因を①中核、②実体、③付随機能の順番に考えていくことです。

中核から広げて考えていく

まず、プロダクトの中心にあるのは「中核」と呼ばれる要素です。これは企業が顧客に提供できるベネフィットになります。パソコンであれば「ワードを使って文書作成を効率化させる」や「インターネットで情報収集を容易にする」などが挙げられるでしょう。

2つ目の実体の層とは、具体的に言えば、その製品自体の特徴やデザイン、品質水準、ブランド、パッケージなどです。つまり、サービス概要や製品の見た目や機能のことです。パソコンの「CPUやハードディスクはどうするか？」「デスクトップか、ノートブック型か？」「どんなブランド名にするか？」など製品自体を設計していくことです。

3つ目の層は付随機能、アフターサービスや保証、納品、クレジット決済、設置などの付加価値のことです。パソコンでよく見かけるのは、1年間修理無料保証や、ネットで注文すると翌日配送、分割払い、初期設定サービスなどがあるでしょう。

プロダクト戦略を立てる際には、このように中核になるベネフィットを中心に、実体や付随機能をどのようにするのかを検討しなければならないのです。

3層モデルの例

■パソコンの場合

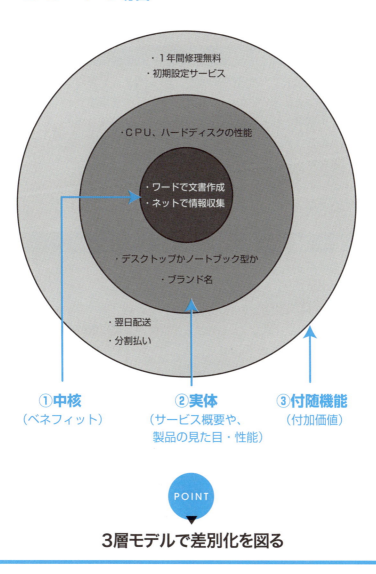

・1年間修理無料
・初期設定サービス

・CPU、ハードディスクの性能

・ワードで文書作成
・ネットで情報収集

・デスクトップかノートブック型か
・ブランド名

・翌日配送
・分割払い

①**中核**
（ベネフィット）

②**実体**
（サービス概要や、製品の見た目・性能）

③**付随機能**
（付加価値）

POINT

3層モデルで差別化を図る

12

独自の売りを決める
購入の動機づけ

差別化が明確に見えないと、選ばれない

今や巷には製品やサービスが溢れかえっています。顧客はこれら無数にある製品やサービスの中から、自分に最適な1つを選ぶことになるのですが、その基準となるのが、その製品やサービスの売りです。もし、どの製品も似たり寄ったりであれば、その中から自社製品が選ばれるためには、運に頼るしかありません。
そのような不確定な要素を避けるために、企業は自社製品独自の売りを明確化させなければいけないのです。

コンビニで本格派コーヒー？

この独自の売りが、「ＵＳＰ（Unique Selling Proposition）」と呼ばれるものです。たとえば、最近ではセブン-イレブンが「セブンカフェ」と称して提供している、カウンターコーヒーが爆発的なヒットを記録しています。このセブンカフェの独自の売りは、「手軽に飲める本格的コーヒー」と言えるでしょう。「身近にあるコンビニで、わずか100円で本格的なコーヒーが楽しめる」という理由でセブンカフェが選ばれているのです。
また、同じコーヒーでもスターバックスは、「優雅な雰囲気で飲めるスペシャリティコーヒー」という独自の売りで人気を博しています。コーヒーだけでなく飲む環境にもこだわる顧客の絶大な支持を受け、多くのファンを魅了しているのです。
このように、ＵＳＰは顧客にとって魅力的なものであればあるほど、購入動機となるので、強化を図っていく必要があると言えるでしょう。

商品の個性、それがUSP

第2章 本当に売れる商品とは？「プロダクト戦略」

U S P ＝ 製品独自の売り
Unique Selling Proposition

セブンカフェのコーヒー

100円で手軽に飲める本格的コーヒー

＝ USP

USPを磨いていけば、強力な購入動機になる

POINT
買いたい理由をつくる

13

ネーミング
一発で覚えてもらえる名前をつける

売上を左右する大きな存在

プロダクト戦略を考える際に、製品やサービスのネーミングも疎かにしてはいけません。ネーミング次第で売上に大きな影響を与えることもあるのです。これまで、数々の製品がそのネーミングのユニークさゆえにヒット商品となってきました。たとえば、ソニーの「ウォークマン」や富士フィルムの「写ルンです」、レナウンの「通勤快足」など、製品名を聞いただけで、どんな製品かがありありとイメージでき、売上につながってきたのです。

すぐに覚えられて、インパクトがあって、耳に残るもの

このネーミングを考える際には、「意味伝達力」「視覚力」「音感」という3つの要素が重要な鍵を握ります。まず、「意味伝達力」とは、名前を聞いてどのような商品なのかをすぐにイメージできるかということです。たとえば、桃屋のヒット商品「辛そうで辛くない少し辛いラー油」は、非常に長いですが、製品の特徴をよく表しており、消費者に的確に意味を伝達しています。

「視覚力」とは時代の流れに乗ったものやインパクトのあるもので、一度聞いたら忘れられないネーミングです。たとえば、男前豆腐店の「風に吹かれて豆腐屋ジョニー」という豆腐がありますが、スーパーの店頭で見かければ、そのインパクトに思わず注意が向くことでしょう。

そして最後の「音感」では、音の響きで顧客の頭の中に名前が定着することを目指していきます。カルビーの「じゃがりこ」などは語呂もよく、誰でも覚えやすいネーミングと言えるでしょう。このように3つのポイントを意識してネーミングを考えていけば、顧客の記憶に刷り込まれ、ヒットにつながる可能性も高まっていくのです。

ネーミングを決める3つのポイント

意味伝達力

どんな商品なのかがすぐにイメージできること
例）「辛そうで辛くない少し辛いラー油」

視覚力

時代の流れに乗ったものや、インパクトのあるものなど、一度聞いたら忘れられないこと
例）「風に吹かれて豆腐屋ジョニー」

音感

音の響きで顧客の頭の中に名前が定着すること
例）「じゃがりこ」

POINT

とにかく覚えてもらえる名前を編み出せ

14

パッケージ
売上を左右する重要な要素

パッケージ次第で売上は変わる!?

人は見た目に大きな影響を受けます。つまり、製品のパッケージを工夫することにより、売上を大きくアップさせることも可能なのです。実際に、**中身はまったく変わらないのに、パッケージを変えただけで売上が大きく伸びたケースもたくさんあります。**

たとえば、太宰治の『人間失格』は、1948年に出版された有名な作品ですが、2007年、集英社が表紙を人気漫画家が描いたものに差し替えただけで、発売から1ヵ月半で7万5000部を売り上げる異例の大ヒットを記録しました。この事例からもわかるように、パッケージを決定する際には、どのようなデザインにするかを入念に検討したうえで、ターゲット顧客が思わず手に取るような、目立つものに仕上げれば、売れる確率も高まってくるというわけです。

今や店頭は商品で溢れ、自社製品が顧客の目に留まる確率はかなり低くなってきています。製品のクオリティがいくら高くても、まずは顧客に気づいてもらわなければ、売れるチャンスはゼロに等しいといっても過言ではないでしょう。ですから、まずはパッケージで注意を引くことが、購入という次のステップに顧客を進めるために重要な鍵を握るのです。

使用している場面が思い浮かぶようなものも有効

パッケージはデザインで注意を引く以外にも、顧客にメッセージを伝えるという役割も果たすことができます。パッケージに、商品の使い方や、どんな場合に役立つのかなどを伝えるメッセージを掲載することにより、初めての製品でも、顧客の頭の中で利用シーンがありありと浮かび、安心して商品を購入することができるようになるのです。

パッケージに力を入れる理由

■集英社文庫の場合

1948年に
出版された作品を…

→

2007年、人気漫画家の
装画に変更

1ヵ月半で
7万5000部の
大ヒット！

商品が溢れている今、
少しでも顧客の目に
留まるような工夫が必要

＋

パッケージには、顧客へのメッセージを伝える、
という役割もある

POINT

言わば商品の顔。慎重に決めよう

第2章 本当に売れる商品とは？「プロダクト戦略」

15

「商品プラス」で何ができるか
トータルソリューションが求められている

いいものだけつくっていても売れない

今やいくらすばらしいものをつくったとしても、それだけで売れることは難しいと言えます。ものづくりの腕だけを磨き続けても、ライバル企業にすぐに真似され、価格競争に陥ってしまうことは避けられないのです。

「総合的に顧客の悩みを解決する」という考え方

そこでものを売るという考え方から、顧客にトータルソリューションを提供するという考え方にシフトしていく必要があります。顧客は製品やサービスを求めているのではないという考え方はすでに紹介しましたが、顧客が求めているものを明らかにし、複合的な製品やサービスを組み合わせて、トータルで解決策を提案していくのです。

iPhoneの何がよかったのか

たとえば、アップルのiPhoneがヒットした理由はその端末にあるわけではありません。端末だけを比べれば、より魅力的な製品はいくらでもあるはずです。

ただ、小さな端末で電話やメール、インターネットはもちろんのこと、無数のアプリやiTunes Storeを通して音楽がダウンロードできるなど、製品に複合的なサービスを提供するプラットフォームを築くことにより、価値の高いトータルソリューションを提供して、多くのユーザーから支持を受けたのです。このトータルソリューションにより、高い差別化が可能となり、大きなヒットにつながったというわけです。

トータルソリューションとは

考え方をシフトする

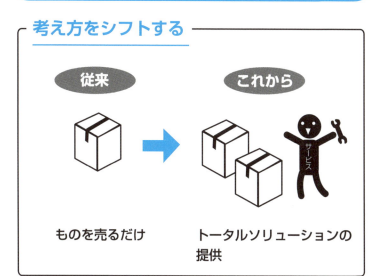

ものを売るだけ → トータルソリューションの提供

iPhoneの場合

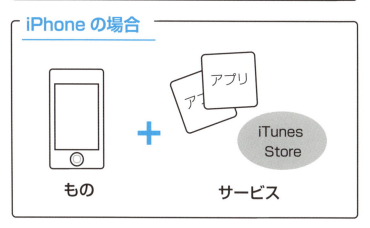

もの ＋ サービス（アプリ、iTunes Store）

POINT ただのもの売りから脱却しよう

16

プロダクトミックス
より売り伸ばしていくための横展開

組み合わせで売上アップ

様々な製品を組み合わせて展開すると、より多くの売上を上げることができるようになります。これが「プロダクトミックス」と呼ばれるものです。どんなプロダクトを組み合わせていくかは次の4つの視点から検討していきます。
①幅……製品ラインの数
②深さ……各製品ごとの種類数
③長さ……全製品数
④一貫性……各製品ラインやチャネルの整合性

商品展開を膨らませ、整合性を取っていく

まず、幅に関して言えば、どのような製品ラインを展開していくのかを決定します。レストランであれば、和食や洋食、中華といった大きなカテゴリーで、どのようなメニューを提供するのかを決定していくのです。続いて、深さとしてそれぞれの製品ラインのバリエーションを検討していきます。たとえば、和食であれば、てんぷらや寿司、うどんなど複数のメニューの展開を検討していくのです。ここまで製品ラインとそれぞれの種類が決まれば、長さとして全製品の数を確認し、顧客のニーズに対応するためにバランスや過不足がないかをチェックします。必要であればさらに製品数を増やしたり、無駄と考えれば製品数を減らしたりもできるでしょう。

また、プロダクトミックスが最大限の効果を発揮するためには、各製品ラインの関係性が重要な鍵を握ります。食事を提供するのであれば、併せて飲み物も提供すれば、売上アップの可能性が確実に高まっていきます。最後に、各製品ラインの整合性も忘れずに確認していきましょう。

プロダクトミックスの4つの視点

■レストランの場合

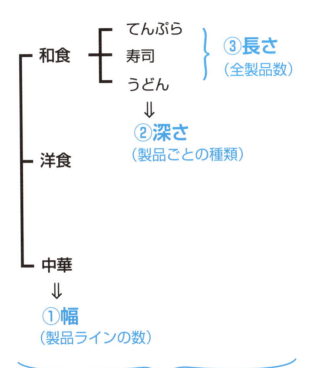

整合性を取りながら、幅、深さ、長さを広げていく

17

プロダクトポートフォリオ
製品展開に偏りがないかチェック！

自社の製品バランスをチェックする

プロダクトミックスを検討する際には、バランスを考慮に入れる必要があります。製品は、成長性が高いものや収益性が高いものなど、それぞれが独自の特徴を持っています。そこで、プロダクトポートフォリオ（自社の製品マップのようなもの）を作成して、自社のプロダクトミックスのバランスを確認するといいでしょう。

理想的な製品バランスとは？

プロダクトポートフォリオマトリクスでは、収益性と成長性を基準に、4つのマスを作成します。成長性が高く、収益性が低いマスは「問題児」、成長性、収益性共に高いマスは「花形」、成長性は低いものの収益性は高いマスを「金のなる木」、そして成長性、収益性共に低いマスを「負け犬」と呼んでいます。ここで**「問題児」「花形」「金のなる木」の3マスにバランスよく製品が配置されていなければならない**のです。

たとえば、新たに開発した製品は、問題児のマスに割り当てられることになります。それからプロモーションで認知度を高めていけば、収益性も高まって花形へと育ちます。そして時間が経てば、成長率も落ち着いて金のなる木のマスへ移行していくのです。

企業は資金を生み出すために、花形や金のなる木が必要ですし、将来の花形・金のなる木を育てるために、問題児に位置する新製品を開発し続けなければいけません。このように、プロダクトポートフォリオマトリクスを作成して、プロダクトのバランスをチェックすることにより、理想的なプロダクトミックスを実現できるようになるのです。

プロダクトポートフォリオの図

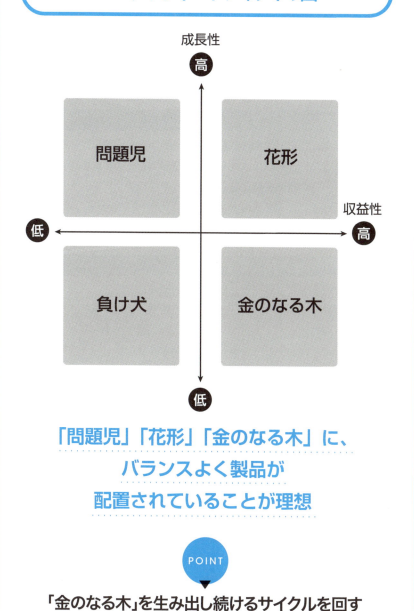

「問題児」「花形」「金のなる木」に、
バランスよく製品が
配置されていることが理想

POINT

「金のなる木」を生み出し続けるサイクルを回す

18

プロダクトライフサイクル
商品寿命の流れを知る

どんな商品にも終わりが来る

新製品を開発し、市場に投入したあと、その製品が永遠に売れ続けることはありません。**どんなに人気を博した製品でも、いずれは売上が上がらなくなり、その寿命を終えることになります。**製品にも、人と同じようなライフサイクルがあるのです。これを「プロダクトライフサイクル」と呼んでいます。

段階に合わせた方策が必要

このプロダクトライフサイクルは、4つの段階に分けることができます。まずは導入期。新製品を投入したばかりの時期は認知度も低く、なかなか売上が上がりません。そこで、この導入期にはプロモーションに力を入れ、認知度を高めていく必要があるのです。

続いてプロモーション効果で認知度が高まれば、自然に製品が売れ始める成長期に入ります。この時期はライバル企業が続々と同じような製品で市場に参入してきますので、製品の種類を増やすなどして売上を拡大していく必要があるでしょう。

そして、市場の成長が続けば、やがて売上はピークを迎え、徐々に売上が減少していく時期を迎えます。この時期は成熟期と呼ばれています。成熟期では製品の差別化を図り、競合他社との違いを明確にしなければならないでしょう。また、事業の効率化を推進して低価格化を図るなど、製品以外の要素での差別化も成功の鍵を握ります。

最後は、市場に製品が行き渡り、売上が上がりにくくなる衰退期がやってきます。この時期には新たな設備投資などは行わず、コストを最大限に削減して利益を確保しなければなりません。どうしても利益が出ないようであれば、市場からの撤退を含めて検討する必要があるでしょう。

プロダクトライフサイクルの流れ

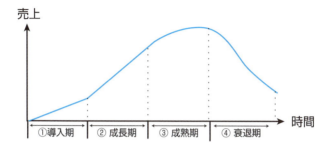

① 導入期
認知度が低く、売上も上がりにくい。プロモーションに力を入れ、認知度を高めていく

② 成長期
自然に製品が売れ始める時期。ライバル企業が参入してくるので、種類を増やすなど何らかの方法で売上を拡大させる

③ 成熟期
売上のピーク。競合他社との差別化を進めつつ、低コスト化などの効率化も図る

④ 衰退期
市場が飽和状態となり、売上が減少する時期。コストを最大限カットして利益を確保するか、市場からの撤退も検討する

段階に合わせて、取るべき方針も変えていく

19

売上アップのテクニック
クロスセリングとアップセリング

関連商品をお勧めするクロスセリング

より高い売上を目指したい場合には、クロスセリングとアップセリングが効果的です。

クロスセリングとは、顧客が購入しようとする商品と関連の深いものを勧めて、販売につなげるテクニックです。たとえば、ハンバーガーショップでハンバーガーのみを注文した際、店員から「ポテトとジュースもご一緒にいかがですか？」と声をかけられたことのある方も多いでしょう。また、ラーメン屋でラーメンを頼んだら「餃子はいかがでしょうか？」と聞かれたこともあるはずです。このように、関連する商品を勧めるだけで、より多くの商品点数の販売につながり、売上アップにもつなげることができるようになるのです。

1ランク上を勧めるアップセリング

一方、アップセリングとは、顧客が購入を検討している商品よりも、グレードの高いものを勧めて売上アップを図るテクニックです。車を購入しようとカーディーラーに出かけて、目当ての車で商談しようとしたところ、販売担当者から「1つ高いグレードのほうが人気もあり、将来買い替えの際のリセールバリューも高くなりますよ」など、自分の希望よりも高額なタイプを勧められたことのある方もいるはずです。このように、より高いグレードを勧めるアップセリングは、客単価の向上につながり、売上アップにもつながるのです。

クロスセリングとアップセリング

クロスセリング

顧客が購入しようとしている商品と関連の深い商品を勧めて、売上アップを図るもの

ハンバーガー＋ポテト　　ラーメン＋餃子

☆販売点数が増える

アップセリング

顧客が購入しようとしている商品より、1ランク上の商品を勧める手法

☆客単価が上がる

POINT

ほんの一言プラスするだけで、売上は伸びる

20

ブランドを築く
顧客から寄せられる信頼の証

真っ先に思い出してもらえる存在になるために

ブランドを築くと、売上を上げることが容易になってきます。ブランドというのは、簡単に言えば「カジュアルウェアと言えばユニクロ」というように、ある分野で顧客の頭の中で真っ先に思い浮かぶ企業や製品です。

顧客が何か購入したいと欲求が高まった時に、一番最初に思い出してもらえるだけに、売上に結びつく可能性が高くなるのです。

信用を裏切るような真似はしてはいけない

ブランドとは、言い換えれば信用とも言えますので、企業は顧客の信用を裏切らないように、期待を超える製品を提供し続けることを追求していく必要があります。

信用というものは**築き上げるのに時間がかかる反面、顧客を裏切るようなことがあれば、一瞬で失いかねない**ので、常に自社の都合ではなく、顧客の立場に立って、期待を裏切らないように心がけましょう。

また、ブランドを築く際には製品やサービスのクオリティも重要ですが、それ以外にもパッケージやロゴ、キャラクター、テーマソングなど様々な要素で顧客に連想してもらうことが可能です。

ブランドが持つ力

ブランドを築けば、
「○○と言えば」と言われて
真っ先に思い浮かぶ企業、製品になれる

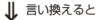 言い換えると

⚠ 築き上げるには時間がかかるが、失うのは一瞬。
期待を裏切らない努力をし続けることが大切

一朝一夕には手に入らず、一瞬でなくなるもの

21

ブランドを利用する
ブランドエクステンション

ブランドでさらなる売上アップに貢献させる

ブランドを一旦築くことができれば、そのブランドを他の製品に広げてくことで、さらに売上アップが図れます。これは「ブランドエクステンション」と呼ばれる戦略になります。

慣れ親しんだものにはお金を出しやすい

たとえば、ソニーは元々ＡＶ機器のメーカーでしたが、質の高いＡＶ機器を提供し続けた結果、顧客の頭の中に「ソニーは最先端で質の高いものを提供する企業だ」という連想が定着し、そのイメージを銀行や生命保険など他の事業に利用して大きな成功を収めています。

新しいビジネスや製品は、正攻法で成功につなげることは難しいと言わざるを得ません。顧客はまったく知らないものにお金を出すことに、「この商品を買っても大丈夫か？」と、大いなる不安を覚えるからです。

そこで**顧客の慣れ親しんだブランドネームを新しいビジネスや製品に応用することにより、顧客の不安を払拭してスムーズに購入までつなげていくことができる**のです。

何でもかんでもやればいいというものではない

ただ、問題は何にでも同じブランドネームをつければいいというものではないということです。ブランドを広げたばかりに、逆効果になることもあるのです。たとえば、自社の提供する高価な製品ばかりでなく、安い製品にも同じブランドネームを利用すると、それまでの「ブランドネーム＝質が高く高価」というイメージが崩れ、顧客は混乱してしまいます。ブランドを広げる際には、無計画ではなく統一性に細心の注意を払って進めていく必要があるのです。

ブランドが持つ力を活用しよう

■ソニーの場合

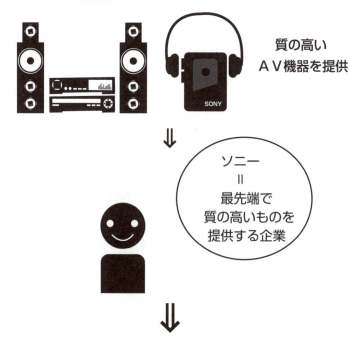

質の高い
ＡＶ機器を提供

ソニー
＝
最先端で
質の高いものを
提供する企業

**銀行、生命保険などの
他業種に進出しても成功できる！**

⚠ 逆もまたしかり。ブランドのイメージを
損なうような横展開は逆効果

さらなる利益を生んでくれるのがブランド力

高級魚になった関アジ・関サバ
二束三文だった魚をどう変身させたのか

おいしさに感動した大学教授との出会い

　大分の佐賀関町で獲れる関アジ・関サバは、地元ではおいしいと評判でしたが、他のアジやサバと同等に扱われ、二束三文で取引されていました。そのため漁師の生活は困窮を極め、漁師を辞める人もいるほどでした。何とかしようと立ち上がったのが佐賀関漁協の関係者。おいしい関アジ・関サバを高値で売ろうと奔走し、転機は突然訪れます。ある時、関サバのあまりのおいしさに驚いた大分大学の教授が、成分を分析させて欲しいと協力を求めてきたのです。漁協関係者は喜んで申し出を受け、関サバのおいしさの科学的証明を待つことに。そして、研究の結果、驚くべき事実が明らかになりました。関サバには一般のサバに比べてうまみ成分が多く含まれ、鮮度が長く続くことが実験で証明されたのです。

客観的なデータの裏づけが、取引を後押し

　佐賀関漁協の関係者は、この実験結果を携えて東京の高級料理店や高級ホテルに売り込みをかけます。初めは「サバは腐りやすい」というイメージに難色を示していた料理店やホテルですが、実際に食べたおいしさと、実験の数値という客観的なデータから、次々に取引が決定しました。このようにして、関アジ・関サバというブランドが確立していったのです。

ニセモノの出現と対策

　ただ、ブランドが浸透すると、問題も発生してきます。佐賀関漁協には毎日クレームの電話が鳴り響くことになったのです。実態を調査してみると、多くの魚屋で品質の劣る普通のアジやサバを関アジ・関サバの名称で販売していることが判明しました。そこで、まずは関アジ・関サバの商標登録を行い、1本1本にシールをつけて、ブランドを証明することにしたのです。このアイデアが功を奏して、今では関アジ・関サバはブランドを守り、適正な価格で販売されることにつながっています。

第3章

安ければいい？
高くても大丈夫？
「プライス戦略」

22

プライス戦略
売上だけでなく、企業イメージまで左右する

価格とは、利益や業績に直結するもの

何を売るのかという製品やサービスが決まれば、いくらで売るのかというプライス戦略を決定していくことになります。

このプライス戦略は、売上や利益など企業の業績に直結しますので、慎重に検討していく必要があります。また、価格というのは企業のイメージに大きな影響を与えますので、他の戦略とも整合性を図らなければなりません。

たとえば、他社とは差別化された製品やサービスを提供する企業であれば、高い価格を設定して高級なイメージを顧客に植えつけることが有効でしょうし、どこでも購入できるようなコモディティ品を扱っている企業であれば、低い価格を設定して、「最安値で買える店」といった印象を顧客に持ってもらえば売上機会も増大していくのです。

様々な要因が複雑に絡み合っている

企業の価格設定は、実に様々な要因に影響を受けながら決定されることになります。外的要因であれば、需要と供給の関係や競合企業の状況、規制の有無、経済状況などに影響を受けますし、内的要因であれば、自社のブランドイメージや業績目標、他のマーケティングミックスなどに影響を受けることになるのです。

プライス戦略の意味するところ

■価格が持つ意味

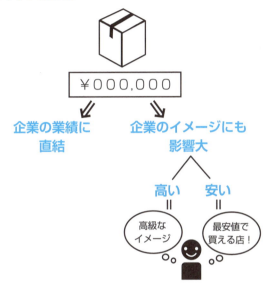

■価格に影響を与えるもの

外的要因	内的要因
・需要と供給	・自社のブランドイメージ
・競合企業	・業績目標
・規制の有無	・他のマーケティングミックス
・経済状況	

適当には決められないもの、それが価格

第3章 安ければいい？ 高くても大丈夫？ 「プライス戦略」

23

コスト志向型価格設定
必要経費＋利益で考える

一番理解しやすい方法

価格の最もシンプルな設定方法は、「コスト志向型」と呼ばれるものです。そして、コスト志向型価格設定にはコストプラス価格設定と目標価格設定の2種類があります。

コストと目標利益を基に算出する

コストプラス価格設定では、製品の製造に要した費用に、目標とする利益を上乗せして決定していきます。たとえば、ある製品の製造に1万円のコストがかかるとします。10%の利益が欲しい場合は、1万円に目標利益の1０００円を足して、1万1０００円という価格を設定するのです。

販売数を想定して決定する

目標価格設定では、想定される事業規模をもとに損益分岐点を計算したうえで、一定の利益が確保できるように価格設定を行っていきます。
たとえば、人件費など売上に関わらず必要な固定費が100万円。原材料費など売上に応じてかかる変動費が製品1個あたり1万円とすると、100個販売できればトータルで200万円のコストがかかることになります。この場合、200万円の売上が利益も損失も出ない水準、すなわち損益分岐点の売上ということになります。ここで望む利益を10万円とすれば、コストの200万円に目標利益の10万円を足した数字、210万円の売上が必要となってきます。販売個数は100個ですから、210万円を100個で割って、1個あたり2万1000円で販売すればいいということになるのです。

コストを最優先に考える価格設定

■ コスト志向型価格設定 ─┬─ コストプラス価格設定
（＝コストを最優先に考える）└─ 目標価格設定

コストプラス価格設定

製造に要した **費用** ＋ 得たい **利益**

コスト1万円、利益10％の商品なら…

1万円＋10％の利益＝1万1000円
　　　　（＝1000円）　　　　価格

目標価格設定

損益分岐点 ＋ 一定の利益

固定費100万円、変動費1万円（1個当たり）の商品を100個販売すると…

コスト＝100万円＋1万円×100個＝200万円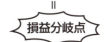

= 損益分岐点

目標利益を10万円とすると…

$$\frac{200万円＋10万円}{100個} = 2万1000円$$
　　　　　　　　　　　　　価格

POINT

競争が激しくない業界なら、コスト志向型が有効

24

需要志向型価格設定
お客様はいくらで買いたいのか？

顧客が望む価格を最優先に考える

「需要志向型価格設定」とは、顧客の需要に応じて価格を柔軟に決定していくプライス戦略です。「知覚価値価格設定」と「需要価格設定」の2種類があります。

自社製品に対する理想価格を探る

まず知覚価値価格設定では、顧客が自社製品に対してどのような価格が望ましいと思っているのかを実際にリサーチを行ったうえで、より多くの顧客が購入できる価格に設定していきます。顧客に対するリサーチでは、ＰＳＭ分析（Ｐ74）などが活用されます。

年齢、時間などの条件づけで価格を変化させる

また、需要価格設定とは、市場セグメントごとに価格設定を変え、特定の条件で売上や利益をコントロールしていく方法です。
たとえば、顧客層ごとに価格を変える事例として、学生を対象に割引価格を提供する学割や、高齢者を対象に特別価格を提供するシルバー割引などが挙げられます。
他にも、時間帯や曜日によって価格を柔軟に変更するケースもあります。飲食店が深夜の顧客の少なくなる時間帯に深夜料金を設定したり、リゾートホテルが需要の少なくなる平日に割引料金を提供したり、逆に年末年始やゴールデンウィーク、お盆休みなど顧客が集中する時期に高額な宿泊料を設定したりするケースが該当します。

顧客の需要に重きを置く価格設定

■ 需要志向型価格決定 ―― 知覚価値価格設定
（＝顧客の需要に応じて 　　需要価格設定
　柔軟に決定する）

知覚価値価格決定

事前にリサーチを行って、より多くの人に買ってもらえる値段にする。PSM分析などを活用

「○○社さんですか？ うーん……」

需要価格設定

セグメントごとに価格を変え、特定の条件で売上や利益をコントロールする

学割　シルバー割引　深夜料金　平日割引

POINT

お客様に一番買ってもらいやすい値段を提示する

25

PSM分析
顧客の値ごろ感を見極める

高い・安いを直接顧客にアンケート！

PSM（Price Sensitivity Measurement）分析とは、知覚価値価格設定を行う際に活用される顧客リサーチで、実際に顧客にアンケートを取って、適切な価格帯を見極めていきます。方法自体は非常にシンプルで、顧客に対象の製品を提示したうえで次の4つの質問に答えてもらいます。
①いくらくらいから高いと感じ始めるか？
②いくらくらいから安いと感じ始めるか？
③高すぎて買えないと感じ始めるのはいくらから？
④安すぎて品質に問題があるのではないかと感じるのはいくらから？
これらの回答結果をグラフに落とし込むと、4つの曲線が描かれ、この4つの曲線が交わるポイントに重要な意味が隠されているのです。

買いたい！ と思われる理想価格を探る

④（安すぎる）と①（高い）が交わる価格は、製品品質保証価格です。これ以上安くすると、品質に問題があるのではないかと疑われ、購入につながらない価格です。続いて②（安い）と③（高すぎる）が交わる価格は、最高価格、つまりこれ以上高い価格設定をすれば、高すぎて誰も購入しなくなる水準です。次に②（安い）と①（高い）が交わる価格は妥協価格で、多くの顧客が「このくらいは仕方がない」と感じる価格です。そして、最後に④**（安すぎる）と③（高すぎる）が交わる価格が、理想価格**になります。最も多くの顧客が、高すぎず安すぎずと感じる価格で、この価格近辺に実際の価格を設定すれば、多くの需要を喚起できるようになるのです。

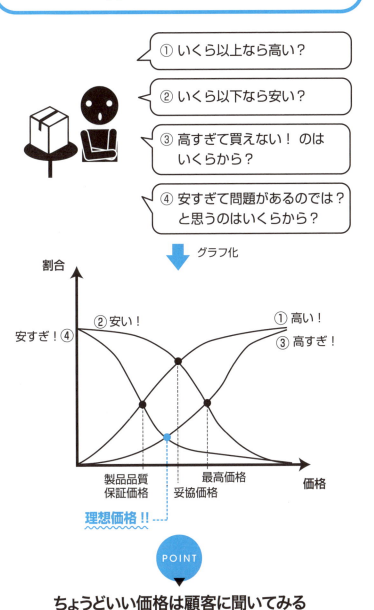

26

競争志向型価格設定
諸刃の刃の値段づけ

ライバルを意識した価格づけ

ライバルとの競争に重きを置いて価格を設定する方法もあります。この方法は「競争志向型価格設定」と呼ばれ、2つの方法があります。

赤字と価格競争が待っていることも……!?

1つは実勢型価格設定で、ライバル企業の価格を参考に、自社製品の価格を決定していきます。この価格設定法は、最も一般的な方法と言えるでしょう。

たとえば、ライバル企業が競合製品を390円で販売していれば、対抗するために380円といった価格に設定するのです。

ただ、この実勢型価格設定を行う際には、安易にライバル企業よりも安い価格を設定することは避けなければなりません。価格を決定する基準がライバル企業の価格だけなので、場合によっては**コストを賄えないような水準に設定してしまい、赤字になることもある**からです。

また、ライバル企業も実勢型価格設定を行っている場合は、不毛な価格競争に陥ることも十分に考えられるでしょう。

オークション型の価格決定

もう1つの競争志向型価格設定法は、入札型です。これはライバル企業と入札によって価格を決め、より高い（あるいは安い）金額を提示した企業が落札することになります。オークションや公共事業の受注などは、入札型価格設定の典型と言えます。

ライバル企業に対抗する価格設定

実勢型価格設定

- ライバル企業の価格だけが基準のため、コスト無視になって赤字になることも
- ライバルも一緒に下げてきた場合、不毛な価格競争になることがある

入札型価格設定

- より高い（or 安い）金額を提示したところが落札する
- オークションや公共事業の受注など

競争が激しくなると、赤字につながるので注意

27

新製品の戦略的価格設定①
ペネトレーションプライシング

圧倒的な低価格でマーケットシェアを奪う！

新製品を市場に投入する際、企業は戦略的に価格を設定することによって、より目標が達成しやすくなります。

たとえば、マーケットで大きなシェアの獲得を目指す場合には、**赤字覚悟でライバル企業よりも圧倒的に低い価格を設定して、需要を喚起していく戦略**が効果的です。このような価格設定は「ペネトレーションプライシング」、もしくは「市場浸透価格戦略」と呼ばれています。

顧客が驚くような低価格での大量販売を背景に大量生産を行えば、大幅なコスト削減が実現され、当初はたとえ赤字であったとしても、規模の拡大に伴って大きな収益を上げられるようになるのです。

成功すれば、一気にシェア拡大が可能

ペネトレーションプライシングで成功した企業の事例としては、ヘアカットのＱＢハウスが挙げられるでしょう。ＱＢハウスは、一般的な理髪店が3000～5000円程度でサービスを提供する業界で、1000円という驚くべき低価格でサービスを開始しました。この驚くべき低価格でヘアカット市場に参入すると、顧客が店舗に殺到。瞬く間に急成長して、ヘアカット業界で確固たるポジションを占めるようになったのです。

このＱＢハウスの成功事例のように、ペネトレーションプライシングは成功を収めると、市場に強烈なインパクトを与えられます。しかし、その成功条件としては、大きな潜在需要があり、低価格を武器に大きな需要が掘り起こせること、そして、大量生産が可能で劇的なコスト削減が実現できることなどが挙げられるでしょう。

ペネトレーションプライシング

★赤字覚悟で低価格を打ち出し、マーケットシェアを奪取する方法

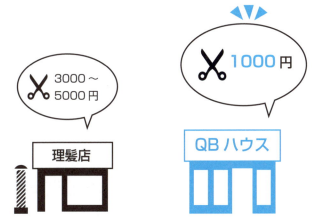

ペネトレーションプライシングの成功条件

☐ 大きな潜在需要があり、なおかつ低価格が武器になること
☐ 大量生産で劇的なコスト削減ができること

低価格で市場を支配できれば、利益大の戦略

28

新製品の戦略的価格設定②
スキミングプライシング

高い値づけでコストを早期に回収

新製品を投入する際の戦略的価格設定として、相対的に高い価格を設定することもできます。

新製品を開発するには多大なコストがかかりますので、**高い利益を実現して、早期に開発コストの回収を図ろうという戦略**です。このような新製品の価格設定は「スキミングプライシング」、もしくは「上澄み吸収戦略」と呼ばれています。

他では買えない商品なら成功する

このスキミングプライシングで成功を収めるためには、自社製品が差別化されたものであり、高い価格を設定しても代替品がなく、顧客は喜んで購入することが条件となります。

スキミングプライシングの代表的な事例は、ブランド製品と言えるでしょう。たとえば、シャネルやルイ・ヴィトンなどのブランド製品は新作が店頭に並ぶと値引きされることなく、非常に高い価格で販売されます。購入する顧客も、新製品が高ければ高いほど自身のステータスの向上につながるために、喜んで購入するのです。

企業の利益のためには最良の方法

このように新製品に高い価格を設定しても、売上にマイナスの影響がなければ、スキミングプライシングが企業の利益を最大化させるために効果的となるのです。

> コスト回収を早くしたいなら、コレ

★高い利益を含んだ価格づけで、開発コストの回収を早く済ませる方法

スキミングプライシングの成功条件

□製品の差別化が際立っているもの

□代替品がなく、高い価格でも顧客が喜んで買うもの

ブランド力があれば、高価格・高利益が可能

29

スライスシェア
高額商品を売る方法

高いものも売り方次第

製品の価格があまりに高すぎると、顧客が欲しいと望んでも、購入につなげることはできないでしょう。顧客には予算があり、その上限を大幅に超えるようなら、購入をあきらめざるを得ないからです。ただ、企業側とすると、いくら高額製品だからと言って販売をあきらめる必要はありません。価格戦略を駆使して、より多くの顧客が手の届く価格を設定すればいいのです。

小さく分割すれば目標達成が可能

１つの方法に、「スライスシェア」と呼ばれるものがあります。スライスシェアとは、大きなものを分割し、小口化して販売する手法で、多くの企業で活用されています。たとえば、マンションの開発業者が100戸のマンションを建設し、30億円での販売を見込んでいるとしましょう。しかし、１棟丸々を30億円で販売するなら、いくら魅力的な物件でも購入できる顧客はそうそう見つかるものではありません。それに、個人を対象に販売するならば、１人で100戸も必要ではないのです。そこで、小口化して１戸あたり3000万円で販売すれば、より多くの顧客が買えるようになり、目標売上を達成できる可能性が高まってくるというわけです。

このように、もし自社製品が分割して小口化して販売できるようなものであれば、スライスシェアは効果的な価格戦略となるでしょう。

スライスシェアで高額商品も大丈夫

★より多くの顧客にとって買いやすい価格に
するため、大きなものを分割・小口化する方法

100戸のマンション
30億円1棟買い！

3000万円×100戸＝
30億円

⇩
なかなか
売れない…

⇩
目標達成！

POINT

大きいものは、小さく分割すればいい

第3章 安ければいい？ 高くても大丈夫？「プライス戦略」

30

タイムシェア
顧客のニーズは所有？　使用？

時間の切り売りで単価を安くする

今や多くの消費者が、所有することから、使用することに重点を置いています。そのような場合には、高いお金を支払ってまで製品を購入する必要はないと考えているのです。このような顧客に対しては、「タイムシェア」と呼ばれる価格戦略が効果的です。

タイムシェアとは、製品自体を販売するのではなく、**製品を使用する時間を販売するという考えに基づいた価格戦略**になります。製品を販売するわけではないので、顧客は通常よりも驚くほど安い価格で、高額の製品を利用できるようになります。

たとえば、映画のＤＶＤなどは、購入すれば１本数千円はかかるでしょう。そうすると、ＤＶＤを購入してまで見ようという顧客は限られてくるはずです。そこで、このＤＶＤを時間貸しにして１日１００円などにすれば、１本数千円を出してまで所有したいと思わなかった顧客のニーズに合致して、売上に結びつけていくことができるようになるのです。

ニーズの変化を敏感に感じ取る

このタイムシェアという価格戦略も、今では多くの業界で活用されています。たとえば、リムジンなどは購入すれば数千万円は必要で、そうそう購入できる顧客はいないでしょう。そこでこの高額なリムジンを時間貸しにすることにより、結婚式や誕生パーティーなど、特別な機会にだけ利用したいという顧客のニーズに応えて売上を伸ばしています。

このように、顧客の所有から使用へとライフスタイルが変化しているビジネスでは、タイムシェアという価格戦略を導入することにより、成功につなげることができるようになるのです。

時間を売る、というタイムシェア

★製品自体を販売するのではなく、製品を利用する時間を販売する方法

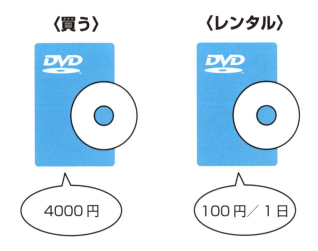

- 他にも結婚式やパーティーでのリムジンのレンタル、日常でのカーシェアリングなど
- 所有→使用へと顧客の意識が変化しているものであれば、成功する

時間貸しで新たな顧客を獲得できないか考える

31

無料で利益を上げる戦略
フリーミアム戦略と広告モデル

ベーシックなものは無料、プラスの機能は有料で

ビジネスモデル次第では、製品自体を無料にすることもできます。価格を無料にすると、**有料とは比較にならないくらいの顧客を獲得することも可能**です。とはいえ、無料で自社製品を"配る"だけでは売上は見込めませんので、他の方法で収益を上げ、トータルで利益を確保していく必要があります。

最終的に利益を確保するビジネスモデルには、大きく分けて2パターンがあります。1つは無料から有料に誘導する方法です。インターネットのサービスであれば、まずは無料のサービスを用意してたくさん利用してもらい、一部の顧客に、より機能が充実した有料のプレミアムサービスを利用してもらうのです。一般的に無料から有料サービスに移行する顧客は、5％前後と言われています。この5％の顧客から得られる売上でコストがカバーできるのであれば、無料にしてもビジネスとして成り立つわけです。このような戦略は、「フリーミアム戦略」と呼ばれています。

他社からお金を供給してもらう広告モデル

一方で、他社から売上を得る方法もあります。この場合は、広告モデルになります。無料のサービスで多くの顧客を集めてプラットフォームをつくり、そのプラットフォーム上に広告を流すことにより、利益を確保していくのです。たとえば、テレビ局などはこのビジネスモデルを採用しています。テレビ番組を無料で提供する代わりに、番組の途中で広告を挿入し、広告代で番組の制作コストを賄っているのです。このビジネスモデルは、無料サービスを利用する顧客を満足させたうえ、広告など代金を負担するクライアントの期待にも応えなければならないことを考えれば、非常に成功を収めることが難しいモデルとも言えるでしょう。

無料を武器にする価格戦略

無料→有料パターン

- anti virus
- YouTube
- Google
- SNS
- News

↓5%

¥10,000 有料

・5%の有料顧客でコストが賄えるのであれば、成立するモデル

広告モデル

・無料サービスで顧客を満足させつつ、クライアントの期待にも応えなければならない

POINT

無料を入り口に利益を上げるビジネスモデル

第3章 安ければいい？ 高くても大丈夫？「プライス戦略」

32

ロスリーダー価格政策
赤字の目玉商品で顧客を呼び込む

驚くような価格で顧客を釣る

企業の立場では、すべての製品やサービスで利益を上げられるのが理想です。ただ、顧客の視点に立ってみると、利益が上乗せされた価格では、積極的に購入しようというインセンティブが働かずに、購入につながらないこともあるでしょう。

そこで、顧客が「この価格であればどうしても買いたい！」と思うような、ビックリするような価格を設定して、購入を促す戦略も必要になってきます。たとえば、スーパーでは「卵1パック50円！」などと目玉商品を準備して、顧客を呼び込んでいます。スーパーとしては、卵だけでは赤字になりますが、**来店した顧客が他の商品をついで買いすれば、卵の赤字を補填して黒字にすることも可能**になります。

このように、各商品の利幅を調整して最終的に利益に結びつけていく戦略は、「ロスリーダー」と呼ばれています。目玉商品として利益の出ないものを呼び水にして、通常価格で利益率の高いものを併せて購入してもらうことによって、トータルで利益を確保できるようになるのです。

目玉商品しか買わない不届き者には注意！

ただ、このロスリーダーを導入する際に注意しなければならないのは、目玉商品だけを購入する「チェリーピッカー」と呼ばれる顧客への対応です。目玉商品だけを目当てに来店し、他の商品を併せて購入しない顧客が増えれば増えるほど、赤字の拡大につながっていくからです。

このような場合、目玉商品を「お1人様1個まで」などと限定し、販売数量も上限を設けておくなど、万一の場合に備える対策を施したうえで導入していく必要があるでしょう。

ロスリーダー価格政策

目玉商品で釣って、ついで買いで利益を得る作戦

POINT

トータルで利益を上げることを目指す

33

価格の弾力性
生活必需品、ぜいたく品の違い

値下げ、値上げの影響があるか

プライス戦略で価格を変更する際、注意すべきポイントとして価格の弾力性が挙げられます。価格を変えることによって、需要も変化しますが、すべての製品が同じように需要が変わるわけではありません。5％値上げしたとして、まったく需要に変化のない製品もあれば、20％も需要が落ち込む製品もあるのです。このように、価格を変更した際に、需要にどのような変化が表れるかが「価格の弾力性」と呼ばれるものです。

ぜいたく品ほど値下げの効果が出やすい

たとえば、代わるものがなく、どうしても購入しなければならない生活必需品などは値上げをしても、需要に大きな変化は見られません。このような製品は価格の弾力性が低く、価格変更の影響は軽微です。

一方で、生活するのにどうしても必要というわけではないぜいたく品は、値上げをすれば、大きく需要が減りますし、値下げをすれば逆に大きく需要を高めることができます。**このような製品は価格の弾力性が高く、価格戦略によって販売数量が大きく変わることになる**のです。ですから、自社の扱う製品が価格の弾力性が高い場合、もし知らずに値上げを行うと、たとえわずかでも予想以上の売上減につながる可能性もあるので注意が必要です。

逆に自社製品の価格の弾力性が高いことを知っていれば、戦略的に値下げをすることによって、大きく販売数量を伸ばすことも可能であり、出版社の宝島社などは定価が当たり前の雑誌を値下げすることによって、大きく発行部数を伸ばすことに成功したという事例もあります。

弾力性が高い、低いとは

1000円 → 1050円 up!

→ ①変化なし

→ ②20% 売上ダウン↓

① ・生活必需品など、代替品がなく、購入しなければならないもの
・価格を変えても、影響はあまりない
　　　＝
　　価格の弾力性 低

② ・生活するうえで必要ではないぜいたく品
・値上げをすると、途端に売れなくなり、値下げをすると売上が伸びる
　　　
　　価格の弾力性 高

POINT
自社の価格の弾力性を知っておく

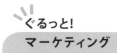

青山フラワーマーケットの価格の秘密
なぜ市価の半額で販売できるのか？

業界の常識がなかったことが強み

　首都圏でフラワーショップを展開する「青山フラワーマーケット」は、花の市場が縮小していく中でも、順調に業績を伸ばしています。その秘密は、市価の半分程度の花の価格にあると言えるでしょう。駅ナカなどの店舗で、目立つディスプレイで注意を引き、顧客が値札に目をやると、予想外の安い価格から購入につながっていくのです。この青山フラワーマーケットの価格戦略を支えるのが、業界の常識に捉われないビジネスモデルです。元々創業者の井上英明氏は、ニューヨークの会計事務所に勤務していた会計士であり、花の販売に関しては素人同然でした。それゆえ、既存のビジネスモデルにとらわれない斬新なアイデアで低価格を実現したのです。

成功の3つの理由

　まず、1つ目は、日常の生活に潤いを与える花に特化したことでしょう。青山フラワーマーケットでは、法人の慶事用に利用される胡蝶蘭や個人の仏事用に利用される菊など、特別な時にしか購入されない花はまったく取り扱わないことを決めたのです。そして、2つ目は、店舗を小規模なものに留めたこと。これにより、賃料などのコストを極限まで削減することが可能になります。そして3つ目は、在庫ロスを極限まで減らしたことです。花は生き物なので、時間が経てば売り物にならなくなります。一般的な花屋では、30%程度のロスが発生してしまいますが、青山フラワーマーケットでは、仕入れた花を店員がブーケにしてまとめて販売するなど、極力在庫ロスをなくすことに取り組んでいます。その結果、在庫ロスの部分を価格に転嫁する必要がなく、低価格を実現できるのです。このような低コスト体質で、圧倒的な低価格を実現し続けることが、縮小し続ける市場の中でも堅実な成長を実現できる秘密と言えるのです。

第4章

一番効率のいい場所はどこだ!?
「プレイス戦略」

34

プレイス戦略
最終消費者に届く流通チャネルとは？

消費者の手に届くまでの行程

製品を生産したら、消費者に販売しなければなりません。この生産者から消費者の手に渡るまでの過程は、「流通チャネル」と呼ばれています。企業はこの流通チャネルを適切に築くことによって、**タイムリーに消費者に製品やサービスを届けることができるようになる**のです。

野菜であれば、農家で収穫された野菜は、農協を通して卸売市場に持ち込まれ、八百屋が競りで落として店頭に並べられ、消費者のもとに届けられます。このように製品は様々な関係者を経て、最終的に消費者の手に渡っていくのです。

流通チャネルの種類

流通チャネルとは、このように生産者から最終消費者に製品が届くまでに関わるものすべてであり、様々なものがあります。卸売業者や小売業者は主要な流通チャネルですし、生産者の営業担当者が顧客のもとに訪れ、自社製品を直接販売する訪問販売、テレビを通じて製品を販売するテレビショッピング、新聞や雑誌などに広告を掲載して販売する通信販売、インターネットで直接販売するネット通販なども流通チャネルに含まれます。他にも全国に多数設置されている自動販売機も立派な流通チャネルです。

生産者はこのような様々な流通チャネルを利用して顧客と接触を図り、自社製品の販売機会を増やしていくプレイス戦略を考えていく必要があるのです。

流通チャネルの概要

■野菜の場合

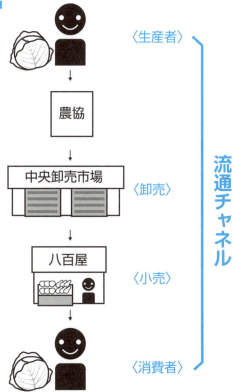

- 他にも直接販売、訪問販売、通信販売、自動販売機なども含まれる
- 販売機会を増やすのが目的

効率的に消費者の手に届くチャネルを構築する

35

流通チャネルの長短
製品の特徴と効率を考慮する

間にどれだけの関係者を介在させるか

流通チャネルを設計する際には、その長さをどうするかを検討する必要があります。長さとは、生産者から最終消費者に届くまでの間に介在する関係者の数のことです。

製品の特徴に合わせて流通チャネルを選ぶ

たとえば、最も短い流通チャネルは、生産者から消費者に直接届けるパターンになります。生産者によるインターネット販売や通信販売などがこのタイプに当てはまるでしょう。

続いては、生産者から小売店を通して最終消費者に届くタイプ。大手小売業者などが生産者から直接仕入れて、最終消費者に販売するパターンです。一度に大量に商品を売買すれば、生産者は多くの売上が見込めますし、小売店はボリュームディスカウントを得られます。加えて、最終消費者も安く商品が入手できるというメリットもあります。

次は、生産者からまずは卸売業者を通して小売店に渡り、最終的に消費者に届くパターンです。たとえば、書籍は出版社から取次会社を通して各書店に渡ります。出版社が全国各地の書店に独自に配本を行うことは手間がかかりすぎて、現実的ではありません。そこで卸売機能を備えた取次会社に配本業務を任せることにより、事業の効率化が図れるのです。

そして最後は、生産者から一次卸に渡り、それから二次卸を経て小売店で最終消費者に販売するパターンです。単価の安い最寄品などはこのタイプの流通チャネルを利用して、最終消費者に届けられることになります。

このように様々な流通チャネルのパターンがありますが、自社製品の特性に応じたものを選択し、効率的に最終消費者に届けていく必要があるのです。

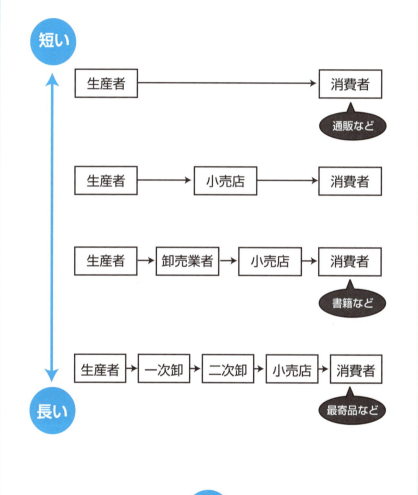

36

自社で流通網を築く
顧客が集まるvs顧客を集める

集客力とコストが天秤にかけられる

自社で流通網を築く場合には、顧客が集まるところに出店するのか、顧客のいないところに出店して、自力で顧客を集めるのかを決定しなければいけません。

たとえば、リアルな店舗の場合、集客力のあるショッピングモールに出店すれば、自社で集客に力を入れる必要はありません。ただし、集客力のある場所に出店する場合、賃料などが高くなります。

一方で、郊外など顧客のあまりいない場所に店舗を構える場合は、出店費用は低く抑えられますが、チラシなどのプロモーションに費用をかけ、自社で集客していく必要があります。

インターネット上でも、話は同じ

バーチャルな場合も、楽天市場やアマゾンなど集客力のあるサイトに出店すれば、多くのアクセスが見込めますが、出店料などのコストも相応に負担する必要があります。一方で、自社で販売サイトを立ち上げる場合は、出店費用などはかかりませんが、ネット上に広告を出すなどアクセスを増やすためのプロモーションコストを負担しなければいけません。

コストを取るか、労力を取るか

このように、顧客の集まるところに出店するのか、顧客の少ないところに出店して自社で顧客を集めるのかでは、かかるコストと労力が違ってくるわけです。費用対効果を事前に検討したうえで、慎重に決定する必要があります。

自社流通網の築き方

ショッピングモールに出店すると…

○ 集客力があるので、集客をがんばらなくていい

✕ 賃料が高い

郊外などに出店すると…

○ 出店費用は低く抑えられる

✕ チラシなど、集客にコストがかかる

⚠ インターネット上に出店する場合も、上記と同じことが言える

POINT

費用対効果で出店場所を決める

第4章 一番効率のいい場所はどこだ!?「プレイス戦略」

37

他社に流通網を任せる
小売店に任せるメリット・デメリット

どう売るかは小売店次第になる

他社に流通を任せる場合も、慎重に検討しなければなりません。自社が最終消費者に責任を持って届けるということでない限りは、売り方は小売店に委ねられることになるからです。もしかすると、**意図せず安売りの目玉商品にされて、これまでに築いてきた高価なブランドイメージを傷つけられることも**考えられます。そこで、他社に流通を任せる場合は、販売量やコントロールのしやすさの観点から、適切な対応を心がける必要があるのです。

大量にさばくのか、イメージを大切にするのか

まず、大量に販売することを目的として、他社の流通網を活用したい場合には、条件を一切設けず、自社製品を取り扱いたい小売業者すべてに販売を任せる方法が効果的です。ただ、この方法では自社製品の売上機会は最大となりますが、小売業者に対するコントロールが難しく、生産者が意図しない方法で販売されるリスクも考えられます。

続いて販売店に一定の条件を設けて、クリアした企業にのみ自社製品の販売を任せる方法もあります。この場合、小売店との関係は強化され、意図しない安売りでブランドが傷つくということは避けられますが、販売店の数が限られるために売上機会が減少していくことにつながります。

最後は、少数の特定業者のみに販売を許可する方法です。自社製品のブランドを大事にする企業などは、この方法を活用することによって、流通チャネルを確実にコントロールし、高いブランドイメージを保つことが可能になります。ただ、この方法はさらに小売店を絞り込むために、顧客との接触機会が最も少なくなることにつながります。

他社の流通網を利用する場合

売上最優先型

条件を設けず、小売業者にすべてお任せ

▲ コントロールが難しく、意図しない売り方をされることがある

ある程度コントロールする型

一定の条件を設けて、クリアした企業にのみ任せる

▲ 販売機会が少なくなる

ブランド重視型

限られた少数の業者にのみ販売を許可

▲ 顧客との接触機会が一番少ない

POINT
販売機会とブランド力はトレードオフ

第4章 一番効率のいい場所はどこだ!? 「プレイス戦略」

38

プレイス戦略を武器に戦う
ライバルとの競争に勝つ！

在庫を持たずに低コストを実現する方法

低コストとスピードの視点からプレイス戦略を組み立てていくと、ライバル企業に対して競争を優位に展開できるようになります。

コンピューターメーカーのデルは、インターネットなどを通した直接販売で、注文を受けてから生産を開始するＢＴＯ（Build to Order）という流通システムを築きました。このＢＴＯのメリットは、低コストにあります。従来パソコンメーカーは見込みで大量に生産し、在庫を抱えながら製品を販売してきました。在庫を保管するコストや売れ残りのリスクを踏まえて価格設定を行うために、価格は高くならざるを得ません。一方で受注生産であれば、余分なコストがかからず、その分安く製品を提供できるようになります。在庫がない場合は、顧客の手元に製品が届くまでに時間がかかるというデメリットはあるものの、高品質・低価格という武器で顧客に選ばれる可能性を高めることができるのです。

スピード命！　で差別化

一方、スピードを武器にしたプレイス戦略の例として、エーワン精密という工作機械の部品メーカーがあります。圧倒的な技術力を誇る企業ではありませんが、納期のスピードで他社を圧倒し、高価格でも業界内で確固たる地位を築いています。同社では半製品の状態で在庫を抱えており、顧客の注文後すぐに最終製品に仕上げて、最短即日で発送することが可能な流通システムを築き上げています。工作機械を利用する顧客にとっては、故障による機械の停止は生産計画に大きな影響を与えるために、価格は高くても短納期の企業を選ぶことになるのです。

他にもネット通販では、翌日配達などスピーディーに提供することにより、ライバルとの競争を優位に展開するプレイス戦略が取られています。

ここで差をつける！ プレイス戦略

■デルの場合

受注してから生産するBTOシステム
- 倉庫のコストが不要
- 売れ残る心配がない
- 価格設定を安くできる
- △ 顧客に届くまでに時間がかかる

■エーワン精密の場合

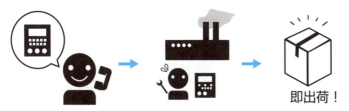

即出荷！

半完成品をつくっておき、受注後組立てる。即日出荷が可能
- 顧客の「すぐ欲しい」ニーズに応えることにより、価格を高く設定できる

POINT
▼
他社とは一味違うメリットを提供する

39

土地のブランド力を借りる
採算度外視で一等地に出店？

銀座に出店したマクドナルド。そこに隠された意図とは!?

プレイス戦略では、時として出店料に見合う売上が上がらないと予測される場合でも、高額な費用を負担して出店を決めることがあります。
日本マクドナルドは1号店を出店する際、アメリカの本社から郊外に出店するように指示されていました。ところが、創業者である藤田社長は、東京のど真ん中の銀座に1号店をオープンすることを決断したのです。社長の思惑としては、日本でまだ馴染みのなかったハンバーガーを世に知らしめるために、日本の最先端の流行が集まる銀座に店を構えることによって、日本全国にマクドナルドが知れ渡り、事業を加速させることができるというものだったのです。果たして、藤田社長の予想通りに、マクドナルドは短期間で日本の消費者に認知され、急成長を遂げることになるのです。

プレイスが持つネームバリューに助けてもらう

この採算よりも目立つことを優先して出店するプレイス戦略は、今でも多くの企業に利用されています。たとえば、コンピューターのアップルやファッションのH&Mなども、日本での1号店の立地を銀座に選び、大きな注目を集めました。
プレイス戦略では、このように**土地や場所のブランドを借りて、一気に自社の認知度や信用度を高めていくことができる**のです。

プレイスの持つパワーに便乗する戦略

■マクドナルドの場合

1号店を銀座に出店

ねらい：日本ではまだ馴染みのないハンバーガーを、より多くの人に知ってもらうため

なぜ銀座か？：最先端の流行が集まる地。出店費用は高額だが、それに見合う効果がある

大成功！

以降、アップルストア、H&Mなども日本1号店は銀座に

POINT

自社のブランド力を一気に高められる

40

コラボ・プレイス戦略
新たな顧客層を獲得する

電器店と服屋のコラボレーション!?

顧客の獲得が難しくなった昨今、異業種同士がお互いの顧客を送客し合い、売上アップを図るコラボ・プレイス戦略も見受けられるようになりました。

たとえば、家電量販店のビックカメラとカジュアルウェアの販売を手がけるユニクロが手を組んで、2012年、「ビックロ」を新宿にオープンしました。このビックロでは、地下3階から地上8階までを両社の売り場が占めていますが、単にそれぞれの売り場を展開させるだけではなく、ユニクロの服を身にまとったマネキンが、ビックカメラで販売されている掃除機をかけたり、カメラで撮影するポーズを取ったりと、来店者が実際の生活をイメージしながら、両社の商品を見て回れる仕掛けが至るところにあります。

お互いの顧客を取り込める

このビックロを展開した背景には、ビックカメラとしては、女性に人気があり、集客力が期待できるユニクロと組むことにより、女性向けの商品の販売を伸ばすことができるという意図があるでしょうし、一方で、ユニクロにとっては、新宿という立地で多くの外国人観光客を見込める、ビックカメラの集客力を利用して、これまでとは違う顧客層に販売できるというメリットがあるでしょう。

自社単独では、新しい顧客を増やし続けることは難しい環境になっていますが、異業種と手を組むことにより、1社のみでは実現できない、魅力的な品揃えや売り場を提供することが可能になり、顧客の獲得につなげることができるのです。

コラボ・プレイス戦略とは

■「ビックロ」の場合

ユニクロの女性人気、集客力に期待

新宿という立地、ビックカメラの集客力を利用し、これまでとは違う層にアピール

＝

ビックロ

ユニクロの服を着たマネキンがビックカメラの売り場にいるなど、実際の生活をイメージできる売り場に

両者とも、これまでとは違う客層をゲット

違う層の顧客獲得につながる

41

フランチャイズ展開
リスクを回避しつつ、流通網を拡大する

コストもリスクも少ない、嬉しい方式

自社で流通網を築くなら、規模が大きくなればなるほどコスト負担は増し、リスクが高まってきます。そこで、リスクを低くしたうえで流通網を拡大するという、従来の弱点を克服するプレイス戦略が求められることになります。このニーズに基づいて生み出されたのが、フランチャイズ方式です。

提供する側、される側両方にメリットがある

フランチャイズ方式では、「フランチャイザー」と呼ばれる本部が、商品や販売システム、ノウハウなどを準備します。そして、「フランチャイジー」と呼ばれる企業や個人が加盟料を支払い、ブランド名の使用や商品を販売する権利を得たうえで、本部から経営指導を受けながら、自身の事業として店舗を運営するのです。そして、売上や利益に応じてロイヤリティーを支払います。

この方式では、システムを提供するフランチャイザーは、コストやリスクを低くして流通網を拡大できるメリットがあり、フランチャイザーにとっても、すでに消費者に認知された看板を利用して事業を展開できたり、本部の大量仕入れで原材料費を削減できるため、自身でゼロから事業を始めるのに比べて、小さな事業リスクで実現できるという大きなメリットを受けることが可能です。つまり、**提供する側も提供される側も、お互いにメリットのあるWin-Win関係にある**と言えるでしょう。

元々アメリカで生まれ、1960年代に日本でも取り入れられたこのフランチャイズ方式は、今では外食産業やコンビニ、テイクアウトのビジネスに至るまで、様々な業界で活用され、売上規模の拡大に貢献しています。

フランチャイズ方式の図解

本部
（フランチャイザー）

コスト・リスクを低くして、流通網を拡大できる

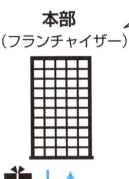

商品

販売システム

ノウハウ

加盟料
＋
ロイヤリティー

フランチャイジー

・認知度の高い看板（ブランド名）を使える
・本部の大量仕入れによるコスト低減など、事業リスクが低い

提供する側・される側のどちらもが、Win-Win の関係になれる

POINT

始めやすく、リスクも低いという安心感がある

第4章 一番効率のいい場所はどこだ!?「プレイス戦略」

42

レイアウトにこだわる
一番目につくのはどこか？

顧客の目線に合わせた陳列

プレイス戦略では、置く場所にまでこだわることにより、さらに売上アップを実現することもできます。

商品の陳列では、顧客の目線を意識して陳列場所を決定していくと効果的です。たとえば、牛肉と焼き肉のタレを同じ場所に陳列すれば、買い物客は、より食事のシーンをイメージしやすくなり、合わせ買いが促進されて、売上アップにつながります。他にも、子ども用のお菓子などは棚の一番低いところに陳列し、子どもが商品を選びやすくなるように心がけるといいでしょう。

大事なものは左上、を意識する

また、飲食店などメニューを使って商品を提供するような場合は、最も売りたい商品は左上の目立つところに配置すれば、売上アップにつながります。というのも、人の視線はまず左上から右へ、それから下へ移っていくというパターンになっているからです。ですから、一番最初に目に飛び込んでくる左上に、お店の看板メニューを配置することにより、注文される確率が高まってくるというわけです。

同様の理由で、インターネットで商品を販売する場合も、売りたい製品は左上に配置すると効果的と言えるでしょう。特に、サイトの上部に重要な情報を掲載しないと、顧客が一目で望むものがないと判断して去っていく可能性が高まるので、注意が必要です。顧客は特別なことがない限り、時間をかけて画面の下までスクロールするなど、そのサイトにとどまってはくれないのです。

このようにプレイス戦略では、置く場所1つで売上に大きな変化が起こることもあるので、細部にまで注意を払う必要があるでしょう。

レイアウトにこだわって売上アップ

顧客の目線を意識する

合わせ買いを誘発する置き方

子ども向けは1番下にするなど、顧客に合わせる

売りたい商品は左上に置く

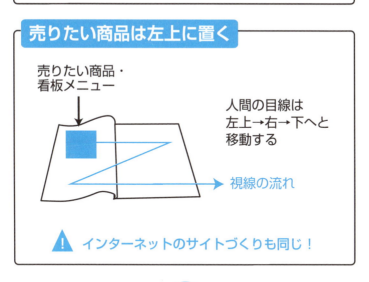

売りたい商品・看板メニュー

人間の目線は左上→右→下へと移動する

視線の流れ

⚠ インターネットのサイトづくりも同じ！

顧客の目線を意識したレイアウトを考えよう

第4章 一番効率のいい場所はどこだ！？「プレイス戦略」

43

チャネルミックスを検討する
「欲しい」時を逃さないために

様々なチャネルで顧客と触れ合う

チャネルも一種類だけではなく、複数のチャネルを組み合わせることにより、効果が高まります。たとえば、最近大手小売業者が取り組む注目のチャネルミックスに、「オムニチャネル戦略」と呼ばれるものがあります。オムニチャネル戦略とは、従来の小売店だけでなく、ネットや通販、テレビショッピングやＳＮＳに至るまで、様々なチャネルを通して顧客との接触を図り、売上機会を増大する戦略です。様々なチャネルをシームレスにつなぐことで、顧客の購買体験を最適化して、スムーズな購入を実現していこうというものです。

様々な業態を１つに統合したセブン＆アイHD

このオムニチャネル戦略に最も力を入れている企業として、セブン＆アイ・ホールディングスが挙げられます。小売店としては、コンビニのセブン-イレブンを始め、スーパーのイトーヨーカドーや百貨店のそごう・西武などを展開していますが、これらのリアル店舗とネットをつなぐ役割として、セブンネットショッピングをリニューアルしました。これまで業態別にネット戦略を展開していたのを、顧客の利便性を高めるために、**１つのサイトですべての業態のネットショッピングを行えるように統合した**のです。加えて、通販大手のニッセンを買収して子会社化し、ニッセンがこれまで培ってきた通販のノウハウの吸収も進めています。セブン＆アイ・ホールディングスは、これら様々な流通チャネルをシームレスにつなげることによって、顧客が商品を欲しいと思った時に、適切な流通チャネルで届けることができるシステムを築こうとしているのです。今後、このように最適なチャネルミックスを実現するオムニチャネル戦略の重要性は、益々増してくるでしょう。

オムニチャネル戦略とは

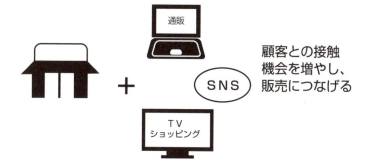

顧客との接触機会を増やし、販売につなげる

■セブン&アイ・ホールディングスの場合

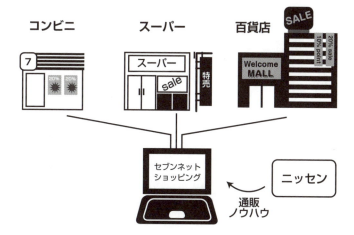

顧客が「欲しい！」と思った時に、タイムリーにかつ適切なチャネルで、届けるシステムを築いている

顧客を徹底的に囲い込む仕組みをつくる

第4章 一番効率のいい場所はどこだ!?「プレイス戦略」

ぐるっと！
マーケティング column 4

プレイス戦略で勝負する日高屋
マクドナルド、吉野家の隣にあえて出店!?

駅から徒歩圏内が原則

　中華料理のチェーン店「日高屋」は、外食産業が厳しい環境の中、順調に成長を続けています。この日高屋の成長を支える主な要因の1つが、プレイス戦略です。日高屋は非常にユニークな戦略で出店を決めています。日高屋の出店戦略は、多くの外食産業が賃料の安い郊外に出店しているのとは対照的に、駅から歩いて行ける場所に限定しています。駅の近くであれば自然に人が集まり、時間を気にせず飲食ができるからです。

あえて競合の中に飛び込んでいく理由とは

　また、出店を決める際には、吉野家やマクドナルドなど大手の外食チェーンが出店している立地を優先しています。通常であれば強力なライバルがいる立地での出店は避けるべきですが、あえて競合がひしめく場所に出店していく戦略を取っているのです。その背景には、吉野家やマクドナルドが出店している場所は、すでに多大なコストをかけて市場調査を行い、高い確率で採算が取れると判断した場所であることが挙げられます。日高屋にとっては、すでに他社が市場調査を行った同じ場所に出店することにより、市場調査を省くことができ、結果としてコストを大きく削減することにつながるのです。

コバンザメ戦略で、出店するたび大繁盛

　加えて、多くの外食店が軒を並べるいうことは、人がたくさん集まってくるということです。どんなにおいしい料理でも、毎日食べると飽きてくることを考えれば、牛丼やハンバーガーに飽きた人を、自店に取り込めるという算段も成り立ちます。これは言わば、強大なライバル企業のおこぼれにあずかろうという"コバンザメ戦略"と言えますが、日高屋は、このユニークなマーケティング戦略が功を奏して、出す店出す店が繁盛して、長期的な成長を持続しているのです。

第5章

黙っていたら商品は売れません!「プロモーション戦略」

44

プロモーション戦略
どのように知ってもらうのか

知らない商品は買ってもらいようがない

いかに自社製品がすばらしいものだとしても、その存在や価値を顧客が知らなければ、商品は売れません。その意味で、顧客に自社製品の存在や価値を伝えるプロモーション戦略は重要な役割を果たすと言っても過言ではないでしょう。

戦略も大事だが、組み合わせも大事

プロモーション戦略には大きく分けて「広告」「販売促進」「パブリシティ」「人的販売」「口コミ」という5つの方法があります。それぞれ特徴や負担すべきコストが変わってきますので、自社の置かれた環境に応じて適切なプロモーションを選択し、組み合わせていくといいでしょう。

さらに細かく見ていくと、プロモーション戦略には、顧客の「欲しい」という気持ちを引き出す「プル戦略」、購入を後押しする「プッシュ戦略」があります。たとえば、スーパーが配布する新聞のチラシなどの「広告」は、それを見て顧客の購買意欲が高まるという意味で「プル戦略」に分類されます。そして、チラシを持って来店してもらった際、店頭でどれにしようかと迷っていたら、店員が商品説明や何がいいかと勧める「人的販売」をすることで、購買に結びつけていきます。このような「人的販売」は、積極的に販売を勧めるという意味で「プッシュ戦略」に位置づけられます。

プロモーションはこのように、適切な組み合わせを実現することができれば、売れる確率は飛躍的に高まっていくのです。

プロモーション戦略とは

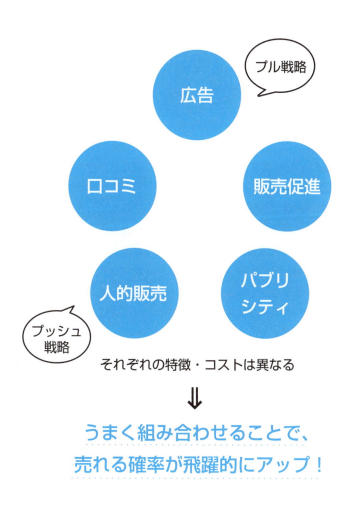

それぞれの特徴・コストは異なる

⇩

うまく組み合わせることで、売れる確率が飛躍的にアップ！

顧客に価値を適切に伝えること

45

広告宣伝
費用対効果の見極めが必要

広告を出せばいい、というわけではない

プロモーション戦略で最も一般的な方法と言えば、広告でしょう。広告とは、広告費を負担して様々なメディアで自社製品の宣伝を行うことです。テレビでCMを流したり、新聞に広告を掲載したりする、というのがポピュラーでしょうか。

ただ、**広告は出せば必ず売上につながるものではなく、多額の広告費用を負担した割には効果がなかったということも多々あります**ので、注意が必要です。特に全国規模のテレビや新聞などで広告を行うと、数千万円から数億円が必要になります。しかし、それに見合うだけのリターンが得られるかどうかは未知数です。可能であれば、まずは小規模・低予算で実験を行い、効果が見込めるようであれば、大きく展開していくというプロセスを踏んでいくと、失敗のリスクを低くすることができるでしょう。マーケティングとは、ある意味"科学"であり、小さな実験結果で、より大きなケースの結果をある程度正確に予想することができます。

お客様は何を見ているのか

また、広告ではテレビや新聞、雑誌、インターネットなど様々なメディアを利用できますが、重要なことは、ターゲット顧客に最もアプローチできるメディアを活用することです。たとえば、ターゲット顧客が主婦であれば、朝の情報番組でテレビCMを流すのが効果的でしょうし、ビジネスパーソンであれば、日経新聞に広告を掲載するのが効果的です。このようにターゲット顧客が最も目や耳にするメディアを通して、心が動くようなメッセージを伝えることにより、顧客は製品やサービスに対する購買意欲を高めるようになるのです。

広告の使い方

- 広告を出せば売れる、というのは間違い
- 時に数千万、億単位のお金がかかることも

まずは小規模・低予算で実験してから、展開を広げていくのが理想

ネット / 新聞 / 週刊NEWS / テレビ

POINT

費用対効果を確認できる仕組みをつくる

第5章 黙っていたら商品は売れません！「プロモーション戦略」

46

販売促進
買う・売る力を後押しする

2通りの方法がある

プロモーション戦略では、自社製品の販売を促進するために様々な方法が取られます。この販売促進は、消費者向けと下流の流通チャネル向けに分けられます。

クーポンや特典を使って消費者に直接アピール

まず消費者向けの販売促進策としては、クーポンや特典などがあります。飲食店が1ドリンク無料のクーポンを配布したり、紳士服店がスーツを購入した人にはネクタイをプレゼントしたりと、購入してくれた顧客に対し、通常購入するよりもお得になるインセンティブを与えるのです。そしてクーポンや特典を期間限定や数量限定にすることにより、顧客は「急いで購入しなければお得度が低くなる！」という心理が働き、強力な購入のフックとなります。

がんばって売ってもらう流通チャネル向け施策

下流の流通チャネル（小売店、販売店など）向けの販売促進策としては、セールスインセンティブや協賛などがあります。

セールスインセンティブとは、事前に設定した目標売上を達成したら、販売店に対して支払われる報酬のことです。特別な報酬が得られることにより、力を入れて販売してもらえる、というわけです。

また、協賛とは、自社や自社製品のＰＲを目的に、イベントやキャンペーンで協賛金や自社製品を提供する活動です。たとえば、マラソン大会で飲料メーカーがスポーツドリンクを提供したり、販売店で特別割引キャンペーンを実施するなど、自社製品の認知度を高めて購入につなげていくのです。

2通りの販売促進策

消費者向け

・通常の購入よりお得になるインセンティブを与える

※期間や数量を限定すれば、さらに強力な購入動機に

下流の流通チャネル向け

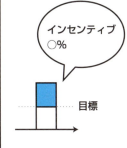

〈セールスインセンティブ〉

・事前に設定した目標を達成したら、報酬を支払う

〈協賛〉

・自社や製品のPRのため、イベントやキャンペーンに製品、協賛金を提供する

プラスαで買う、売るきっかけを高める

47

人的販売
人の力で売っていく

見ただけでは売れない商品には、人間の出番

人が説明しなければ売りにくい製品やサービスでは、人的販売というプロモーション戦略が有効です。人的販売では、担当者が直接自社製品の利点などを伝えて、販売に結びつけていきます。

商品の説明、実演で販売につなげる

身近なところでは、生命保険や住宅販売の営業マンが、電話でセールスをしたり、直接お客様のところに訪問して自社製品の説明を行い、納得したら契約する、という形があります。少額のものであれば、1回の交渉で済む場合もありますが、契約が長期にわたるものや高価なものは、顧客も慎重になり、何度も交渉が必要なこともあります。その時に、契約が取れるか否かはお互いの信頼関係次第なので、自社都合の強引な営業は避け、顧客の立場に立った提案を心がける必要があるでしょう。

店頭における実演販売も、人的販売に含まれます。店頭で切れ味の鋭い包丁で食材を切ったり、洗剤で頑固な油汚れをスッキリ落としたりと、実際に見せることによって、お客様に商品の価値や使い方を伝え、欲しいという気持ちを一気に高めることが可能になるのです。

他にも、スーパーやデパートなどの試食も人的販売です。通常は購入してみなければわからない味が、事前に確認したうえで購入することができます。商品の価値を実際に体験してもらうことによって、「本当にこの値段でこの商品を買ってもいいのか？」という不安を打ち消す効果があるのです。また、人は他人に何かをしてもらったらお返しをしなければならないと感じるという「返報性の原理」が働きます。ですから、無料で商品を提供されれば、1つくらいは買わなければという気持ちになって、商品の販売にもつながっていくのです。

人的販売の代表例

営業マン

高額な商品、長期にわたって契約が続くサービスでは、担当の営業マンをつけて、何度も交渉にあたる。信頼関係がなければ契約もしてもらえない。生命保険、家など

実演販売

実際に使ってみせることによって、製品のよさ・使い方を知ってもらい、「欲しい！」という気持ちを高める。包丁、洗剤など

試食

事前に味を確認してから買えるので、不安を打ち消す効果がある。また、「何かもらったら返さなければ」という心理も利用できる

価値が伝わりにくいものは、人が直接説明する

48

パブリシティ
マスコミに取り上げてもらう

マスメディアの力を借りて大ヒット！

テレビや新聞、雑誌、インターネットなどのマスメディアで紹介されれば、一気に認知度が高まり、爆発的な売上につながります。話題のレストランや商品などがテレビの情報番組で取り上げられると、途端に顧客が殺到する、というのはよくあることです。ですから、企業は何とかして取り上げてもらおうと、プレスリリースを流すなど様々な努力をしています。これが、「パブリシティ戦略」と呼ばれるものです。

お金がかからない反面、ニュースになるのは難しい

このパブリシティ戦略は、広告と同じメディアを通して、自社や自社製品の認知度を高めるものですが、広告が相応の費用を負担しなければならないのに対して、パブリシティは費用を負担する必要がないという、大きなメリットがあります。それゆえ、自社の思い通りに取り上げられないこともあります。

しかし、パブリシティはテレビ局や新聞社、出版社という権威ある第三者のお墨つきをもらったようなもので、**自社や自社製品に対する絶大な信用度のアップにつながります**。今や至るところで広告を目にする分、いくら自社広告を出しても、消費者はあまり反応してくれなくなっている反面、パブリシティの力は増しています。

ただし、パブリシティを成功させるには、ニュース性や社会性があり、多くの顧客にとって有益な情報だとマスメディアに思ってもらわなければなりません。「世界一」や「史上初」、「非常識に安い」や「非常識に高い」など、最初からマスメディアに取り上げられることを意識して、マーケティング戦略を組み立てることが必要になってくるのです。

パブリシティの概要

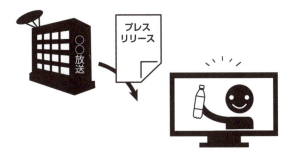

マスコミに取り上げられることにより、
一気に認知度が上がり、爆発的に売上もアップする

- 費用負担がない
- テレビ局、新聞社、出版社など第三者のお墨つきが得られる
  ＝信頼度の高い情報だと思ってもらえる
- ⚠ 自社の思い通りに紹介されるとは限らない

ただし、製品・サービスに何か話題となるような特性・ニュース性がないと、取り上げてもらえない

POINT

効果は絶大だが、取り上げられるまでが一苦労

49

口コミ
消費者の購買決定に影響力大

今や口コミを参考に買い物をする人が大半

インターネットの発達で情報収集が容易になり、多くの消費者は、購入しようとする製品やサービスに関する評判を事前に入手して、決定を下すようになりました。2012年4月にＮＴＴレゾナント株式会社が運営する「gooリサーチ」において行われた調査では、製品を購入する前に入念に情報収集を行う人の割合は8割を超え、うち**8割以上は他人の評価、すなわち口コミに影響を受ける**という結果も出ています。

それだけ口コミは、製品やサービスの購入決定に大きな影響を与えるようになっているのです。ですから、企業はこの口コミをプロモーションに活用することによって、売上アップを図れる、というわけです。

悪い口コミに翻弄されず、誠実に地道にやっていく

ただ、口コミによるプロモーションが難しいのは、企業側で完全にコントロールできないというポイントです。もちろん、良い口コミもありますが、逆に悪い口コミもあり、**7割以上の消費者は、良い口コミよりも悪い口コミを参考に購入決定する**と答えています。つまり、もし悪い口コミを流されれば、多くの消費者が製品の購入を躊躇してしまうのです。ですから、中には意図的に口コミを装って、自社の良い情報を流そうとする企業も存在しますが、これは「ステルスマーケティング」とも呼ばれ、消費者にばれた時には大きく信用が失墜し、非難の的となります。そんなことは行わないほうが賢明でしょう。

やはり、日頃からＳＮＳなどを通して消費者と密接にコミュニケーションを図り、顧客の厳しい意見も真摯に受け止めて次の製品開発に活かすなど、企業側の誠実な態度を示すことが重要と言えるでしょう。

影響力の大きい口コミの力

今や8割の人が事前に情報収集し、うち8割以上は口コミを参考にしている！

しかし…

・口コミは企業のコントロール不能
・7割以上が、良い口コミよりも悪い口コミを参考にする

企業が意図的に良い評判ばかりを流すステルスマーケティングもあるが、バレると消費者・ユーザーからの信頼はガタ落ちに。厳しい意見は真摯に受け止め、次に活かすなどの誠実な対応が一番

POINT

良い評価は欲しいが、小細工はタブー

50

プロモーションミックス戦略
予算を決めて、何と何を組み合わせるか

プロモーションの予算は売上の5〜10％が妥当

プロモーションの効果を高めるためには、複数あるプロモーションを単独で用いるのではなく、組み合わせて使うことが有効です。これは「プロモーションミックス戦略」と呼ばれています。

プロモーションには、ほぼコストをかけずに実施できるパブリシティや口コミから、数千万〜数億円のコストが必要なテレビCMに至るまで、ピンからキリまであります。もちろん予算に制約がなければ、テレビや新聞、雑誌など影響力の大きなマスメディアを活用して、大々的にプロモーションを展開すれば、最も認知度を高めることができます。しかし、多くの企業には予算があり、**プロモーションに回せるお金は売上の5〜10％程度が上限**でしょう。

ちなみに、2013年度、日本で最も広告宣伝費にお金をかけた企業はソニーで4744億円。売上高が7兆7673億円ですから、売上高広告費比率は6.11％です。2位はトヨタ自動車の4194億円で、売上高が25兆6919億円、売上高広告費比率は1.63％という計算になります。

赤字覚悟で賭けに出ることも有効

ただ例外として、当初は赤字覚悟で大々的なプロモーションを展開し、ブランドを築くという戦略を採用する場合もあります。たとえば、資生堂のヘアケア商品のブランド「TSUBAKI」は、発売当初、年間売上目標の100億円に対して、50億円もの費用をかけて大々的にプロモーションを展開しました。社運を賭けて取り組んだ結果、計画通りに短期間でマーケットシェアNo.1を獲得できたのです。

プロモーションミックス戦略では、このように予算を決め、最も効果的な戦略を組み合わせて、結果につなげていく必要があるのです。

プロモーションミックス戦略

広告 ＋ 販売促進

プロモーション戦略は、組み合わせることによって、さらに効果的になる！

ただし、
プロモーションに回せる予算としては、売上高の5〜10％が妥当

例外として…

新製品などを出して、短期間でシェアを奪いに行く場合などは、圧倒的なプロモーション戦略を取ることもある

お財布と相談して、一番効果的な組み合わせを！

第5章 黙っていたら商品は売れません！「プロモーション戦略」

51

メディアミックス
効果的なメディアの組み合わせとは？

メディアも組み合わせが重要

プロモーションでは、プロモーション手法を適切にミックスさせるのと同時に、利用するメディアもミックスさせる必要があります。メディアには、テレビやラジオ、新聞、雑誌、インターネットなど様々なものがありますが、それぞれ特徴やコスト負担が違ってきますので、自社のプロモーションの目的に応じて、適切なメディアを選択していく必要があるのです。

マスメディアと、顧客に直接コンタクトするメディア

また、プロモーションで利用されるメディアには2つのタイプがあり、「フロントエンドメディア」と「バックエンドメディア」に分けられます。フロントエンドメディアとは、自社製品の認知度の向上のために活用されるメディアで、テレビや新聞、雑誌、インターネットなどが挙げられます。
一方、バックエンドメディアとは、すでに取引のある顧客に対して、継続的な取引を促すために利用されるメディアで、ダイレクトメールやEメールが該当します。
これらのフロントエンドメディアやバックエンドメディアを適切に組み合わせてプロモーションを展開することにより、売上や利益アップにつながる確率を飛躍的に高めることが可能です。多大なコストをかけたテレビCMや新聞広告を見て自社製品を購入した顧客に対して、取引履歴を参考にしながら、ニーズに合致しそうな新製品が開発された時に、ダイレクトメールやEメールを送る。そうすれば、2度目はあまりコストをかけずに、リピート購入につながる可能性が高まるのです。

メディアミックスの考え方

メディアの特徴、コストの違いを把握し、適切に選択していくことが重要

フロントエンドメディア
自社製品の認知度アップのために活用するメディア。テレビや新聞、雑誌、インターネットなど

バックエンドメディア
すでに取引のある顧客に向けて、継続的な関係が築けるよう、情報発信するメディア。ダイレクトメール、Eメールなど

上記の2つをうまく組み合わせ、
コストを軽減しつつ、
売り伸ばしにつなげていく

異なるものの組み合わせで、効率アップ

第5章 黙っていたら商品は売れません！「プロモーション戦略」

52

ストーリーを考える
AIDAに則れば、顧客のハートを鷲づかみ

顧客の心理はどう動くのか

プロモーション戦略の成否は、顧客の視点に立ったストーリーづくりが鍵となります。その時利用される理論に、「ＡＩＤＡ(アイダ)」があります。ＡＩＤＡとは、顧客の購買に至るまでの心の動きを表したものです。
顧客はまず、企業のプロモーションに注意（Attention(アテンション)）を向け、興味（Interest(インタレスト)）を持つと、欲しい（Desire(デザイア)）という欲求が高まり、最終的に購入（Action(アクション)）に至るものです。それぞれのフェーズの頭文字を取って、ＡＩＤＡと呼ばれています。
たとえば、新聞のチラシで、欲しかった家電製品が数量限定セールになっているのを目にすれば、チラシの情報に注意を向け（A）、驚くほどの安い価格に興味が高まり（I）、限定という言葉に欲しいという欲求がかきたてられ（D）、店舗に出向いて購入に至る（A）というわけです。

ストーリーに沿って戦略を立てていく

このように、顧客の心理や行動プロセスを踏まえてプロモーション戦略を組み立てていけば、プロモーションがうまくいく確率が高まってきます。そのためには、顧客を入念に調査して、どのようなメッセージに反応するかを把握し、顧客の注意を引くメッセージを、よく目にするメディアやよく行く場所、よく訪問するホームページなどで目にするように仕掛けなければなりません。それから購入を決定するのに必要十分な情報を提供して、興味や欲しいという感情を高め、購買の決断を促していくのです。
顧客が製品やサービスを知らない状況から、１つひとつ階段を上るように関心を高め、最終的に購入に結びつくような設計を、ＡＩＤＡに基づいて描いていくといいでしょう。

プロモーション戦略はAIDAが重要

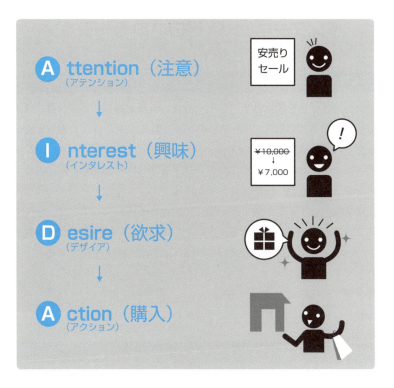

どこで情報を目にし、興味を持ち、
欲しいと思ってもらえるか
という1つのストーリーを組み立てる

購入に至るまでの流れを思い描くべし

53

AISASスパイラル
インターネット時代のプロモーション

気になったらまず検索、そしてシェア

インターネットを活用したプロモーション戦略を展開する際には、先ほどのAIDAではなく、「AISAS（アイサス）」で考えます。AISASとは、顧客の注意（A）→興味（I）→検索（Search（サーチ））→購入（A）→シェア（Share（シェア））という一連の流れの頭文字を取ったものです。

インターネットが一般的になっている環境では、顧客はプロモーションに注意を向け、興味が湧くと、すぐに関連する情報を検索して、評判や口コミを確認する行動を取ります。そして、自分の期待するような製品やサービスであることを確信してから、ようやく購入を決定するのです。購入後も、製品やサービスを利用した感想をFacebookなどのSNSや食べログや価格.comなどの情報サイト、自身のブログなどに掲載して、情報をシェアしていく、そのような流れになっています。

良い口コミを得られるほど、ヒットにつながる

このインターネットを活用したプロモーションのストーリーが従来のプロモーションと違うのは、顧客の行動が購入で終わるのではなく、インターネットを通して、不特定多数と評判や口コミをシェアすることによって、次の注意を呼び起こし、再度他の顧客のAISASにつながるスパイラルになっている点です。ですから、インターネットでのプロモーションでは、多くの顧客から好意的な反応を得られれば、**コストをかけることなく、爆発的に自社製品やサービスを販売することも可能**になるというわけです。

AISASのストーリーで成功を収めるためには、顧客の注意を引くメッセージはもちろんのこと、「検索して情報がすぐに得られるか」や、「製品やサービスが顧客の共感を得られるか」が鍵となるでしょう。

ぜひとも成功させたい！ AISASの連鎖

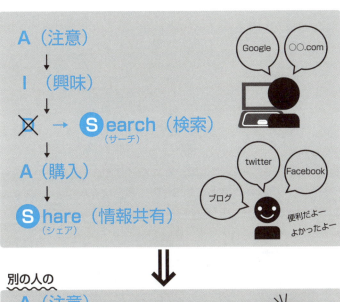

とつながっていけば、**コストをかけることなく、爆発的なヒットにつながることも**

 ただし、情報の検索のしやすさ、製品・サービスに共感してもらえるかも重要

シェアを前提としたストーリーを考えよう

ぐるっと！マーケティング column 5

ハーゲンダッツのイメージ戦略
脱・子どものおやつで高級品に

プレミアムなアイスクリームという新市場を開拓

　ハーゲンダッツと言えば、今やプレミアムアイスクリームを代表するブランドですが、日本で発売されるようになったのは、1984年まで遡ります。この年、ハーゲンダッツは、百貨店や高級スーパーで販売を開始すると同時に、東京の青山に直営1号店をオープンします。当時の日本では、アイスクリームは50円から100円程度の、子どもが食べるおやつというイメージが定着していて、アイスクリームに高いお金を支払うなど考えられない時代でした。ところがハーゲンダッツは、このアイスクリームに対するイメージを一変させ、「プレミアムアイスクリーム」という新たなカテゴリーをつくり出すことに成功したのです。

センセーショナルなCMで一気に地位を確立

　その鍵となったのが、従来とまったく違うターゲティングとイメージ戦略でした。ハーゲンダッツは、これまでアイスクリームメーカーが子どもをターゲットにビジネスを展開していたのとは対照的に、大人の女性にターゲットを絞り込んだのです。そして、そのターゲット顧客に対して、アイスクリームに対する新たなイメージを植えつけるため、斬新なテレビCMをピンポイントで展開します。それは1組のカップルが、ハーゲンダッツを食べながら激しく絡み合うセンセーショナルなものでした。このハーゲンダッツのイメージ戦略は見事当たり、大人の女性の間で大きな話題になると、瞬く間に日本全国にプレミアムアイスクリームが浸透。1990年には、アイスクリームの輸入自由化という追い風を受け、急激な成長を実現することにつながっていったのです。

第6章

これからは
「顧客維持型マーケティング」
でないと生き残れない！

54

顧客維持型を目指す理由
成熟市場では、顧客との関係性が鍵

行き詰まった現状に求められる方向性

経済が高い成長を実現できていた時代には、マーケティングは「いかに顧客を増やしていくか」を目的とする顧客獲得型が主流でした。しかし、現在のように市場が成熟し、顧客の急激な増加が見込めない環境では、いかに顧客を維持し、1人ひとりとの取引を深めていくかが重要になる顧客維持型のマーケティングが求められています。

焼き畑か、農耕型か

経済が成長し続けていれば、顧客がひしめく市場を探し出し、焼き畑農業的に次々と市場を"焼き尽くす"ことで事業がうまく回っていましたが、次の市場がなくなれば、顧客獲得型のマーケティングのスキームは破綻します。

一方、顧客維持型は農耕型のマーケティングです。農耕が毎年同じ土地から実りを得るように、顧客を大切に育てることによって、取引が長く続き、年々売上を増やしていくことができるようになるのです。

この顧客維持型のマーケティングの威力は、売上高を「顧客数×客単価×リピート回数」に分解するとよくわかります。たとえば、年間100人の顧客が毎回1万円、年に10回リピートすれば、年間売上高は100人×1万円×10回＝1000万円になります。ここで顧客を維持・積み重ねる戦略、1回あたりの客単価を上げる戦略、リピート回数を増やす戦略を考え、それぞれ10%ずつ増えれば、売上高は110万円×1万1000円×11回＝1331万円となり、実に**33.1%も増加する**ことになるのです。

上記からもわかるように、これからの企業にとっては、顧客維持型のマーケティングを駆使し、顧客数を積み上げ、顧客との関係を強化して取引を深めることが、売上を高めていく重要な鍵となります。

顧客維持型が必要な理由

以前（経済成長期）

お客様を増やせー！

顧客獲得型
＝
焼き畑農業的
（いつか終わりがくる）

現在（市場成熟期）

お客様1人ひとりと、長く・深い付き合いを！

顧客維持型
＝
農耕型
（年々売上げを増やしていける）

顧客維持型の強み

年間100人 × 1万円 × 10回購入 ＝ 1000万円

⇩ **33.1％増！**

それぞれ10％ずつ増えると……
年間110人 × 1万1000円 × 11回購入 ＝ **1331万円**

継続的に売上を得られる上、売上アップの効果も倍以上になる

POINT

顧客が増えないなら、単価とリピート回数を上げる

第6章 これからは「顧客維持型マーケティング」でないと生き残れない！

55

ウォレットシェアを高める
より自社製品にお金を使ってもらうには？

ライバル企業よりも重要な存在

顧客獲得型のマーケティングのもとでは、マーケットシェアをアップさせることが重要視されてきました。同業のライバル企業との激しい競争に勝ち抜き、いかに顧客を増やしていくかに注力してきたのです。

一方で顧客維持型のマーケティングにおいては、マーケットシェアよりも、顧客の「ウォレットシェア」を高めていくことに注力していく必要があります。

顧客のお財布の内訳を知る

ウォレットシェアとは、顧客の一定期間に使用したお金のうち、自社製品がいくら占めるのかを表した指標です。たとえば、ある顧客が年間100万円を消費したとして、そのうち自社製品が20万円を占めていれば、ウォレットシェアは20％ということになります。

消費に使える顧客の予算は無限ではありません。それどころか、非常に限られているのが現実と言えるでしょう。顧客はその限られた予算の中で優先順位をつけて、高いものから順に購入していくものです。ですから、ウォレットシェアを高めるということは、顧客に自社製品の必要性を高く評価してもらわなければなりません。

また、これまでのマーケティングでは、同業がライバル企業であり、限られた企業の動向を注視すればよかったのですが、ウォレットシェアを重視する限りは、**顧客が予算で買いたいものを提供する企業すべてがライバル企業**となります。つまり、より顧客を知ったうえで、自社製品の熱烈なファンになってもらうことが、ウォレットシェアを高めることにつながっていくのです。

ウォレットシェアとは何か

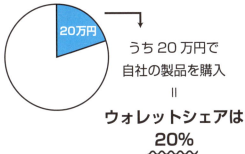

年間の総消費額
100万円

うち20万円で
自社の製品を購入

＝

**ウォレットシェアは
20％**

★顧客の予算には限りがある

→ なるべく購入の優先順位を
　上げてもらうしかない

→ 他にお金を使うものすべてが
　ライバルになる

＝

〈解決策〉**自社の熱烈なファンになってもらう**

POINT

自社製品の優先順位をいかに高めるか

第6章　これからは「顧客維持型マーケティング」でないと生き残れない！

56

自社の顧客の生涯価値
顧客がどれだけの利益をもたらすのか

取引している期間中にもたらす利益のこと

顧客維持型のマーケティングでは、「顧客生涯価値」という考え方が重要になってきます。顧客は企業と取引を開始すると、その後何度も取引を繰り返して、企業に利益をもたらします。この顧客が取引を開始して終了するまでに企業にもたらす現在の価値が、顧客生涯価値と呼ばれるものになります。

プロモーションにかけるコストが算出できる

たとえば、ある企業で顧客の取引状況を分析したところ、顧客は現在の価値にして1年目に1万円、2年目に2万円、そして3年目に3万円の利益を企業にもたらし、最終的に取引がなくなるとしましょう。この場合、顧客との取引は平均3年間で、その3年間に顧客がもたらす価値は6万円であるということがわかります。

つまり、この顧客生涯価値がわかっていれば、利益をさらに増やしたいとなると、新規顧客を獲得するのに6万円まではコストをかけることができるというわけです。ですから、たとえ当初は赤字になっても、3年の期間で帳尻を合わせられることがわかっているので、より大胆な予算を確保して、大々的なプロモーションを展開することも可能になります。

可能な限り把握して、向上させていく

企業にとって、このような顧客生涯価値を知ることはとても重要なことであり、そのために「一旦顧客が取引を始めるとどのくらい継続した取引になるのか？」や「毎年どのくらいの利益をもたらすのか？」などを把握し、できる限りそれらの数値を高めていく努力が必要になってくるのです。

顧客生涯価値を把握する

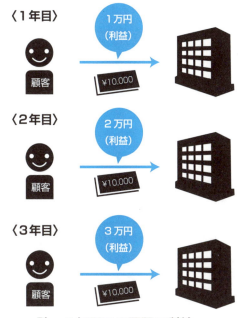

〈1年目〉 顧客 → 1万円（利益） ¥10,000

〈2年目〉 顧客 → 2万円（利益） ¥10,000

〈3年目〉 顧客 → 3万円（利益） ¥10,000

計：3年間で6万円の利益
＝
顧客生涯価値
（＝新規客獲得のために使える最大限のコスト）

□ どのくらいの期間、取引しているか
□ どのくらいの利益をもたらしているか
この2点を把握し、高める努力をすべき

POINT

顧客がもたらす利益についてきちんと知っておく

第6章 これからは「顧客維持型マーケティング」でないと生き残れない！

57

ファン客をいかに増やすか
顧客は進化するもの

顧客は常に変化している

顧客の流出を防ぎ、顧客数を着実に増やしていくためには、顧客を進化させていくという考え方が重要になります。顧客は常に同じではなく、ステージに応じて変化し、企業側の対応も変えていかなければならないのです。

顧客は、自社製品やサービスをまったく知らない潜在顧客からスタートし、プロモーション戦略を通して自社製品に興味を抱くと、見込み客のステージへ移っていきます。それから、何らかのきっかけで購入に至るとお試し客となり、企業側からの継続したアプローチで繰り返し取引をするようになる、リピート客となります。さらに特別な待遇で顧客を魅了することによって、最終的にファン客へと進化していくのです。

このように、**顧客は次のステージへ移るごとに企業との関係が深まり、1回当たりの購入金額やリピート購入回数が高まっていきます**。特にファン客のステージまで到達すると、自社製品を購入するだけなく、周りに製品を勧める応援者の役割も果たすようになります。

ステージに合わせたマーケティングが必要

この顧客の進化ステージである「潜在顧客→見込み客→お試し客→リピート客→ファン客」では、次のステージに移すための戦略が異なってきます。すべての顧客に対し通り一遍のマーケティングを実施するのではなく、自社がどのステージの顧客を増やしたいのかを明確にして、適切な顧客に対して適切な方法を実施することが、最終的にファン客を増やして顧客維持型マーケティングを成功に導く重要な鍵を握ることになるのです。

顧客のステージと進化の過程

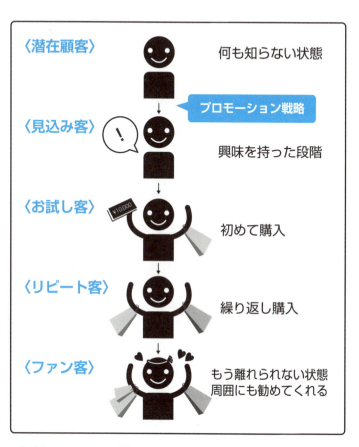

自社にとって増やしたい層の顧客を見極め、適切な手法を選んでいく

ファン客を増やすことこそが、成功の鍵

第6章 これからは「顧客維持型マーケティング」でないと生き残れない！

58

潜在顧客から見込み客へ
適切なプロモーション戦略の選び方

潜在顧客にはフロントエンドメディア

自社製品をまったく知らない潜在顧客を見込み客に変えるためには、第5章でも紹介した、フロントエンドメディアを活用したプロモーションが鍵を握ります。自社製品を知らせるために、テレビCMを流すこともできるでしょうし、新聞や雑誌に広告を打つこともできるでしょう。また、屋外の目立つ場所にある看板を利用したり、インターネットで大々的なプロモーションを展開したりすることもできます。

さらに効果を高めたい場合は、パブリシティ戦略に力を入れて、テレビや新聞、雑誌に取り上げられることにより、より大きな注目を集めることも可能です。

メールなどで直接アピールして次の段階へ

この潜在顧客から見込み客のステージへ進化させる際に重要なことは、ターゲットを絞り込んでプロモーションを展開し、可能であればメールアドレスや電話番号、住所など、今後見込み客に対して、**低コストでコンタクトし続けることのできる連絡先を獲得すること**です。

たとえば、ビール会社であれば、新製品のサンプルをプレゼントするキャンペーンを、ホームページで実施することもあるでしょう。このキャンペーンに申し込んでくるのは、もちろん新製品に興味がある見込み客です。そこでビール会社は、キャンペーンを通してメールアドレスなどの連絡先を集め、今後見込み客にとって有益な情報を提供し続けることにより、関係をより深めていくことができるようになるのです。

ただ、いくら連絡先を知っているからといって、信頼関係がまだ十分でない段階で露骨な売り込みを繰り返すと、顧客の反感を買って逆効果になりかねませんので、注意が必要です。

潜在顧客から見込み客を洗い出す

まずは知ってもらうこと

→フロントエンドメディア（テレビ、インターネットなどでの広告）の活用

＋

パブリシティ戦略

連絡先を入手する

→コストをかけずにコンタクトし続けられる

〈例〉

新製品のビールのサンプルプレゼント！キャンペーン

↓

見込み客のメールアドレスを獲得

↓

情報発信をし続ける

POINT

興味を持ってくれる顧客との関係づくりから始める

第6章 これからは「顧客維持型マーケティング」でないと生き残れない！

59

見込み客からお試し客へ
心理的なハードルを乗り越えさせる

買っても大丈夫？ という不安を取り除く

見込み客を新規顧客に変えたい時に重要な鍵を握るのは、心理的な不安を取り除いてあげることです。人は誰しも、初めてのことには不安を覚えるものです。それが大事なお金を、見ず知らずの企業に渡すのであればなおさらです。そこで、見込み客の購買に対する心理的なハードルを下げることができれば、試しに購入してみようという顧客も現れます。この顧客の不安を取り除く方法には様々なものがあります。ファッション業界であれば、試着が該当します。実際に服を試してみることで、自分のイメージ通りかどうかを確認でき、気に入ったら購入すればいいのです。飲食業界のサンプルや試食なども同じ考え方と言えるでしょう。

全額返金保証で安心感を与える

このように、顧客に実際に試してもらうことにより、不安を取り除くことができるものもありますが、実際に店舗に出向くことができない場合や、お試しが難しいサービスなどもあるでしょう。そのような場合は、「**気に入らなければ、お支払いいただいたお金は理由を問わず、全額返金します**」という全額返金保証をつけると効果的です。これは「リスクリバーサル」と呼ばれ、リスクを顧客側から企業側に移す目的で実施されます。たとえば、西友などは購入した商品に満足しなければ、食べた後でもレシートを持参すれば、全額返金する制度を導入しています。この全額返金保証により、「本当にこの商品を購入しても大丈夫か？」という不安から解放され、「どうせ満足しなければ返金してもらえばいい」という気軽な気持ちで、買うことができるようになるのです。

不安を取り除くための方策

誰しも初めてのことは不安なもの。大事なお金を、見知らぬ企業に払うのであれば、なおさら！

試着・試食などのサンプル

実際に使ってみる、食べてみることで、使用感をイメージし、不安感を軽減する

リスクリバーサル

店に出向くのが難しい、試すのが難しい商品には、「全額返金保証」などとし、リスクを顧客から企業に移す

→顧客は「イマイチなら返金すればいい」と気軽に購入できる

POINT
買っても大丈夫、と思わせる

第6章 これからは「顧客維持型マーケティング」でないと生き残れない！

60

お試し客からリピート客へ
「もう一度買おうかな」の仕掛け

「値段く価値」だと思ってもらえないと、次はない

新たに取引を開始できたとしても、最初の購入はお試しで、顧客はその後、再度取引するかどうかを判断します。通常、自分の支払った金額よりも得られた価値のほうが高ければ、リピートにつながるでしょうし、その逆であれば二度と利用することはないでしょう。購入したものが価格の割に安いと判断されれば、また買ってもらえる、価格の割に高いと思われたら、それっきりというわけです。

リピートのきっかけは、こちらがつくる

ただ、企業側とすれば、折角新たな顧客と接点ができたからには、リピート購入につなげて取引の深耕を図りたいものです。このリピートを促す仕掛けにも様々なものがあります。たとえば、個人的な手紙やコールセンターからの電話、個別のEメールなど、第5章でも解説したバックエンドメディアを活用して、新たに始まった取引に感謝し、次回購入の特典を提供することなどが挙げられるでしょう。

蓄積した情報はどんどん活用する

また、取引が深まるにつれて、顧客の情報も徐々に蓄積されてきますので、年齢や誕生日、勤め先、家族構成などが判明すれば、より個別のサービスが提供できるようになります。特に誕生日や結婚記念日などの特別な日は、お客様が消費する確率も高くなるタイミングですので、ダイレクトメールなどを通じてプレゼントや特別割引を提供すれば、自社製品を購入してもらえる可能性は高くなるでしょう。

リピートにつなげる活動

値段の割にはおトク！
リピート客へ

値段の割に……
リピート ✕

リピートを促すには、バックエンドメディアを活用する

手紙／電話／メール → 取引に感謝しつつ、次回以降の割引などを案内

ある程度取引が続けば…

蓄積した顧客情報を活かして、特別割引など個別のサービスを提供する

POINT

速やかに次の購入につなげるきっかけをつくる

第6章 これからは「顧客維持型マーケティング」でないと生き残れない！

61

リピート客からファン客へ
会社を支える強い味方

ファン客が増えれば、ビジネスはより成功する

リピート顧客は何度も繰り返し自社製品やサービスを購入してくれますが、それ以上の存在ではありません。やはり、最終的に自社のファンになってもらい、友人や知人に勧めてもらえるなど、心の底から応援してもらえる関係が理想と言えるでしょう。特にインターネットが発達して、誰しもが容易に情報発信できるようになり、かつ大きな影響力を持つ現在では、より多くのファン客を獲得することで、ビジネスを成功に導くことが容易になります。

期待値を上回る価値が提供できるかどうか

ただ、ファン客を育成することは、そんなに簡単なことではありません。**取引が長く続けば続くほど、顧客の期待値は高まり続けます**ので、常にその高まっていく期待値を超え続けなければいけないのです。

たとえば、企業が顧客に提供する価値には4つのレベルがあります。まず、レベル1は「必ずなければならない価値」です。ホテルで言えば、ベッドが部屋にあるかどうかというレベルです。続いてのレベル2は「通常あって欲しい価値」で、掃除の行き届いた部屋やふかふかのベッドと言えるでしょう。続くレベル3は「あるとすごく嬉しい価値」です。ホテルで、予約した時よりも大きく、快適な部屋に通されたりするとすごく嬉しいものです。そして、最高のレベル4は「予想外の大きな価値」です。顧客が予想もしていなかったサービスを、サプライズで提供するようなことで、ホテルで言えば、誕生日や結婚記念日など特別な日に利用した際、お花などのプレゼントを贈ることなどが挙げられます。

ファン顧客を増やすためには、できる限り最高レベルの価値の提供を目指し、顧客の心を魅了し続ける必要があるのです。

ファン客化に必要なこと

企業は顧客の期待を超え続けなければならない

■顧客に提供する価値のレベル

最低

レベル１：必ずなければならない価値
　　　　例）ホテルにベッドがある

レベル２：通常あって欲しい価値
　　　　例）掃除された部屋、ふかふかのベッド

レベル３：あるとすごく嬉しい価値
　　　　例）予約時より１ランク上の部屋

最高

レベル４：予想外の大きな価値
　　　　例）誕生日や結婚記念日などの
　　　　　　サプライズ

POINT

期待値を超え続けることで、顧客はついてくる

第6章 これからは「顧客維持型マーケティング」でないと生き残れない！

62

RFM分析の活用
顧客の取引実績に見合った対応をする

顧客の状況が一目で把握できる

顧客を取引状況に応じて分類し、適切なタイミングで適切なマーケティングを実施するうえで活用できる手法に、「RFM分析」があります。RFM分析では顧客を最新取引日（Recency リーセンシー）、取引頻度（Frequency フレクエンシー）、そして累計取引金額（Monetary マネタリー）でランク分けしていきます。そして各ランクごとに適切な対応を行っていきます。

優良顧客か、そうでないかの見極め

たとえば、取引頻度が1回で最新取引が直近であれば、最近取引を始めた顧客だとわかります。この顧客の取引金額が大きいようであれば、営業担当者が訪問したり、感謝状を出すなどしたりして、あまり間をおかずに次の取引へつなげていく必要があります。

また、取引頻度が頻繁にあり、累計の取引金額も大きいにも関わらず、最新の取引日がかなり前になっている顧客もいることでしょう。このような場合、優良顧客が離反した可能性も考えられます。そこで担当者がいれば訪問して、担当者がいなければ電話でそれとなく取引が滞っている理由を聞き出し、改善策を考えなければなりません。

他にも累計の取引金額が大きく、購入も頻繁で、つい最近も取引のあった顧客もいるでしょう。このような最優良顧客はファン客とも言えます。ですから、自社のサービスに失望して離れていかないように、注意しなければいけません。自社製品の優先販売で特別扱いしたり、記念日には特別オファーを提供したりして、日頃の取引に報いる対応を心がける必要があるのです。

このように、RFM分析で顧客を管理することにより、顧客との関係をより深めていくことができるようになるでしょう。

RFM分析の活用方法

ＲＦＭ分析によるランク分け

	Recency（最新取引日）	Frequency（取引頻度）	Monetary（累計取引金額）
ランク5	1ヵ月以内	21回以上	10万円以上
ランク4	2ヵ月以内	11〜20回	6〜10万円
ランク3	3ヵ月以内	6〜10回	3〜6万円
ランク2	6ヵ月以内	2〜5回	1〜3万円
ランク1	6ヵ月以上	1回	1万円以下

ランクに応じた顧客分類
（FとRによる分類 F=Frequency R=Recency）

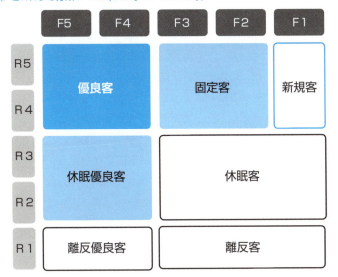

第6章 これからは「顧客維持型マーケティング」でないと生き残れない！

POINT

取引状況を把握し、適切な対応をしよう

63

クレームマネジメント
クレームで売上が上がる!?

期待の裏返しであることも

ビジネスを行っている限りは、顧客のクレームは避けて通れません。クレームは、顧客の期待と、現実の製品やサービスのクオリティに大きなギャップがあることによって発生します。そう考えると、クレームをつける顧客は（全員ではありませんが）、自社に対して大きな期待を抱いている場合もあり、**企業側の対応次第では、ゆくゆくファン客になる可能性もある**のです。ですから、どんなクレームに対しても真摯に対応する必要があります。

改善すべきポイントは改善して次に活かす

また、クレームとは、顧客の期待に自社製品やサービスが応えられていない証であり、改善することによって欠点を潰していけば、顧客満足度を高めるうえでも有効な方法と言えます。たとえば、ユニクロはかつて首都圏に進出した際、なかなか顧客が増えませんでした。そこで新聞に「ユニクロの悪口言って１００万円」という広告を掲載し、顧客からのクレームを募集したのです。ユニクロに集まったクレームは１万件にも達し、お店を繁盛させる宝のような情報が一杯詰まっていました。その情報を基にビジネスを１つひとつ改善していったおかげで、今のユニクロの繁栄があるのです。

このように、クレームに対してネガティブに反応するのではなく、業務改善のためにとポジティブに捉えるクレームマネジメントを実施すれば、売上を飛躍的に高める、大きな種子に気づくことができるのです。

クレームの活かし方

■クレームの原因

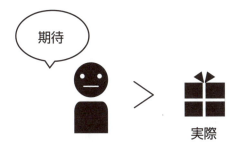

クレーム＝期待の表れ。対応次第で、ファン客になっていただけることも

■ユニクロの場合

新聞広告でクレームを募集。店舗の改善につながるアイデアがたくさん集まった

⇩

1つひとつ改善し、現在のような成功を収めている

クレームには、ビジネスのヒントが隠れている

第6章 これからは「顧客維持型マーケティング」でないと生き残れない！

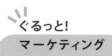

オイシックスが成功できたワケ
倒産の危機から安定した顧客基盤を築くまで

赤字でも信念を持ち続けた社長

2000年に、インターネットで有機野菜を販売する事業を開始したオイシックス。今でこそ売上は150億円を超えて順調に成長していますが、設立当初は苦難の連続でした。ITバブル時代に、農家と消費者をネットでつなぐ斬新なビジネスモデルを武器に起業したものの、会社を設立した頃にはITバブルが弾け、資金調達にも窮するようになります。ところが社長の高島宏平氏は諦めることなく、赤字ながらも事業を継続させていきます。時代の流れは、少々高くても安心で安全な食材を求めていると確信し、いずれは事業が波に乗ると信じて疑わなかったからです。

徹底したヒアリングで顧客満足度をアップ

高島社長が事業を軌道に乗せるために重視したのが、顧客分析。「50人の新規顧客を獲得することも重要だが、1人の顧客に50回買ってもらうことはさらに重要だ」と考え、女性客を中心に、購入客へのヒアリングを強化して、リピート購入につなげる顧客維持型のマーケティングのアイデアを次々に生み出し、実行に移していったのです。

安心・安全を求める層とマッチ

このオイシックスの転機となったのは、東日本大震災でした。日本中が放射能の不安に晒される中、オイシックスはいち早く放射能検査を導入して、安心・安全な食材を食卓に届けることを心がけると、真摯で素早い対応に好感を抱いた、子どもを持つ主婦層が次々と顧客に加わってきたのです。そして今では、有機野菜を定期宅配する「おいしっくすくらぶ会員」を東日本大震災前に比べて倍近くまで増やし、安定的な顧客基盤を築いて、順風満帆なビジネスを展開できるようになったのです。

著者略歴

安部 徹也（あべ・てつや）

株式会社MBA Solution代表取締役。1990年九州大学経済学部を卒業後、現三井住友銀行入行。退職後、インターナショナルビジネス分野で全米No.1のビジネススクールThunderbirdにてMBAを取得し、経営コンサルティング及びビジネス教育を主業とする株式会社MBA Solutionを設立。代表に就任し、現在に至る。一般社団法人日本MBA協会の代表理事。2003年に『ビジネスパーソン最強化プロジェクト』を立ち上げ、延べ２万６千人以上が参加、ＭＢＡ理論の伝道師として活躍中。ニュース番組やインターネットメディア等にも多数登場し、企業のビジネスモデルをわかりやすく解説している。
近著に『「やられたら、やり返す」は、なぜ最強の戦略なのか』（ＳＢクリエイティブ）『超入門コトラーの「マーケティング・マネジメント」』（かんき出版）がある。

ぐるっと！マーケティング

2015年1月31日　第1刷発行

著　者	安部 徹也
発行者	八谷 智範
発行所	株式会社すばる舎リンケージ
	〒170-0013 東京都豊島区東池袋 3-9-7 東池袋織本ビル１階
	TEL 03-6907-7827　　FAX 03-6907-7877
	http://www.subarusya-linkage.jp/
発売元	株式会社すばる舎
	〒170-0013 東京都豊島区東池袋 3-9-7 東池袋織本ビル
	TEL 03-3981-8651 （代表）
	03-3981-0767 （営業部直通）
	振替 00140-7-116563
	http://www.subarusya.jp/
印　刷	株式会社シナノ印刷

落丁・乱丁本はお取り替えいたします。
ⓒ Tetsuya Abe 2015 Printed in Japan
ISBN978-4-7991-0400-2